零粉丝到抖音达人变现

王一一◎著

中华工商联合出版社

图书在版编目(CIP)数据

零粉丝到抖音达人变现 / 王一一著. —北京：中华工商联合出版社，2021.10

ISBN 978-7-5158-3166-4

Ⅰ. ①零… Ⅱ. ①王… Ⅲ. ①网络营销 Ⅳ. ①F713.365.2

中国版本图书馆 CIP 数据核字(2021)第 201420 号

零粉丝到抖音达人变现

作　　者：王一一
出 品 人：李　梁
责任编辑：关山美
装帧设计：天下书装
责任审读：于建廷
责任印制：迈致红
出版发行：中华工商联合出版社有限责任公司
印　　刷：北京柯蓝博泰印务有限公司
版　　次：2022 年 1 月第 1 版
印　　次：2022 年 1 月第 1 次印刷
开　　本：710mm×1000 mm　1/16
字　　数：240 千字
印　　张：15
书　　号：ISBN 978-7-5158-3166-4
定　　价：58.00 元

服务热线：010–58301130–0(前台)
销售热线：010–58302977(网店部)
010–58302166(门店部)
010–58302837(馆配部、新媒体部)
010–58302813(团购部)
地址邮编：北京市西城区西环广场 A 座
19–20 层,100044
http://www.chgslcbs.cn
投稿热线:010–58302907(总编室)
投稿邮箱:1621239583@qq.com

序 言

全民手机的时代已经来临，根据手机使用时间的市场调查数据，其中在刷抖音的至少占据了人群的三分之一，而在年轻人群中这个比例还要更高。

从电视端看新闻到电脑端看新闻视频，再到现在的智能手机客户端，人们对信息的焦点开始从传统的电视、电脑转到了手机上像抖音这样的平台。

2016 年，抖音首次上线，短短几年时间，抖音就掀起了一阵席卷全球的浪潮。通过抖音，大量的路人爆红网络，表面上看这似乎只是一个新的娱乐手段，但背后却代表着无可估量的商业价值。

目前，包罗万象的抖音也同时占据了新闻、电影、游戏、时尚、娱乐、知识、广告、销售等方方面面的焦点，并且在引领潮流。惊人的数据在一个接一个地以秒速产生，比如某大 V 一天在抖音的营业额几乎达到百万元；某素人在短短几个月的时间内快速从路人变成了百万元乃至千万元营收的达人。最关键的是，就算没有达到大 V 的等级，在家带娃的宝妈们、初出茅庐的小白们，只要找对了办法，也能靠抖音赚钱，成为达人。

自媒体时代是一个充满奇迹的时代，每个人都拥有一部手机，每个人都拥有一样的平台。

那么，如何打造自己的抖音让自己成为抖音达人呢？本书会告诉你一些抖音的基础知识，让你不至于在茫然中不知所措，而是对抖音，对内容变现有一个基本的认识，给广大读者尤其是对抖音一窍不通的小白们指出一条基本可以实践的道路。

有别于其他抖音运营书籍的是，本书把读者假定为对抖音只有基本了解甚至零认知的小白，用更加浅显易懂的语言，人人皆可实践的方法来帮助大家从一无所知到成为抖音达人。没有多余的套路，没有各种故弄玄虚的理论和名词，这本书就是给普通路人阅读的抖音基本入门升级打怪手册。除了个人，本书还为一些小微企业和各种依旧无法自行改造的传统行业专门打造了向短视频平台转化的实用招数。希望能够帮助大家在这个新媒体时代充分地了解自己身处的世界，有一些可以易上手的方法，走上一条适应时代的抖音之路。

干货满满，诚意满满，这就是本书写作的初衷。

这是一个人人都有机会的时代。本书将用最快一个小时的时间指点你，从抖音小白变成抖音达人，从零粉丝到涨粉百万千万。

在这个互联网时代成为神话，你真的也行！

目 录

第一章 需　知

了解抖音、抖音的受众、发抖音的发布者，抖音官方希望你注意到的大数据以及抖音的管理公约及禁忌。

■ 第一节　抖音是什么

——抖音的总体背景、发展趋势、市值及前景

一、总体

2016 年，被称为短视频元年。字节跳动公司旗下的今日头条在这一年的 9 月 20 日孵化上线了一款短视频社交软件，原名 A. me，于 2016 年 12 月正式更名为抖音。

从此，抖音正式进入大众视野，短短几年时间就在中国乃至全世界家喻户晓，成为全行业的标杆，带领新媒体走入了新时期并且深刻地改变了人们的生活。

人们看新闻、视频的习惯从 20 世纪的纸媒和电视端逐渐于 2000 年以后向电脑端转移，而随着智能手机的发明，手机终端成为大部分人的信息来源。

最开始的手机平台依旧是电脑终端的延续，而在 2016 年，随着短视频的悄悄崛起，人们的习惯开始转移。

过去以天、小时、分钟计算的人们获取资讯的时间开始以秒计算。

众所周知，抖音等短视频往往只有15秒，长的也不过几分钟。时间短成为抖音的第一个特点。

随着手机端的拍摄功能日益完善，大家随时拿起手机拍摄，并且上传到短视频窗口的习惯逐渐养成。抖音还提供了很多功能帮助大家上传视频，例如道具、模板、拍同款等，让大家能够快速地美化自己的素材。门槛低成为它的第二个特点。

除了上述两个特点，抖音种类繁多的内容也成为其标志性特点。抖音的内容包罗万象，最开始是以音乐创意短视频为主，后来对嘴表演等成为其特点，一度被认为不过是泛娱乐化，逗大众一笑的工具。而如今不过几年的时间，诸多短视频博主开始进入抖音，连电视台、大型报社、新闻网等传统媒体都开始向抖音转型，后来政府、NGO组织、央企、影视、游戏、时尚以及广告厂商也开始入驻，抖音成为拥有极为广泛主体入驻的内容复合型平台。

过去人们获取资讯，需要记者、电视台等的采访，汇编成视频，播放给大众，后来转变为视频博主们拍摄、剪辑，在电脑客户端播放，如今甚至可以达到实时拍摄，秒速上传到抖音，几乎是立刻就可以到达大众的手机终端。快速的反应机制也是抖音的鲜明特点。

人人都有机会成名，人人都有机会成为抖音达人，尤其是普通人，这一点也让抖音更加亲民，并且有了更好的互动性。在抖音上线的头几年，其社交属性不明显，大家基本以浏览为主，而不会把类似朋友圈这样的熟人联络方式使用于抖音上。然而现在，尤其是年轻人群，基本开始以抖音为真正的社交平台，将自己拍摄的记录日常的VLOG等短片上传至抖音与朋友分享。

这一属性还在抖音升级改版，专门设置朋友栏目后变得更加明显。同城互动也在增强。

不容忽视的还有直播和购物。形形色色的直播让人们之间的互动性更强，而通过直播产生的诸如打赏、带货等数据也攀升得惊人。抖音如今已经成为人们最常使用的短视频社交综合性全媒体平台，在媒体领域成为领军势力和潮流的引领者。

二、发展历史

字节跳动公司于2012年创立，是最早将人工智能运用于互联网场景的科技企业。最初专注于今日头条的打造，2013年9月今日头条获得数千万美元B轮融资，2016年11月孵化出抖音，并首次上线。

但是在短视频元年这一年的抖音并未开始发力，直到2017年，公司的资源才开始朝抖音倾斜，承接今日头条的明星推广资源以及头条最核心的算法推荐保证了内容的分发效率。抖音于当年六月邀请了潮流节目中知名选手入驻，一举跃居新媒体宠儿，打败了同类竞争对手。同年举办首届抖音之夜，登陆卫视综艺节目，崭露头角。

抖音最开始的设计往往被怀疑抄袭了北美短视频音乐软件Musical. ly，二者定位类似，UI（界面）设计也很相似。而在2017年11月，今日头条以十亿美元收购了Musical. ly，将之与抖音合并。

同年，抖音海外版Tiktok上线。2018年，苹果公司BEST OF 2018榜单出炉，Tiktok超过日本常用社交软件LINE荣登日本榜首。2018年10月，Tiktok又成为美国阅读下载最高的应用。

但是这一阶段国内抖音的发展暂时因为改版稍微放慢了脚步。2018年4月抖音正式上线反沉迷系统：当用户使用时间超过一个半小时就会弹出提醒，两个小时会重新锁定。同时，抖音对系统进行了全面升级，停止了直播功能和评论功能，也暂停了短视频外部链接直接播放功能。可喜的是当年5月，抖音邀请社会大众和专家学者，研讨拟定了《抖音社区公约》，而在该月末，国资委新闻中心正式入驻抖音。6月，首批包括中国核电、航天科工等25家重量级央企入驻抖音平台，共青团中央、国内七大博物馆等也入驻了抖音，抖音的运营日益正常化。抖音也挣脱了除了娱乐大众、搞笑、网红等内容，开始成为围绕社会主义核心价值观的短视频平台。

2018年7月，抖音又宣布启动“向日葵计划”。在审计、产品、内容三方面推出了十项措施，保护未成年人，助力他们健康成长。

2018 年全年，抖音更新了 35 个版本，平均 10 天更新迭代一次。这一年里，抖音对违规账户和内容都按照之前制订的社区公约，给予了认真负责的查处和封禁。单是 3 月一个月，抖音就累计清理了 20000 多条视频，接近 9000 条音频，89 个挑战，永久封禁了 15000 多个账户。7 月又下架了 36000 个视频，封禁了 40000 个用户。

这一年，抖音在内容方面更加宽泛化、合理化、规范化。2018 年底，抖音日活跃用户数达到了惊人的 2.5 亿个，月活跃用户数突破了 5 亿个。

而与之相辅相成的 Tiktok 月活跃用户也达到了 5 亿个，也就是说这一年，抖音在全球的活跃用户实现了超过 10 亿个。

2018 年 12 月，抖音正式向全平台符合要求的账号开放购物车自主申请。紧接着的 2019 年年初，抖音推出“好物联盟”，全面开放了零粉丝购物车申请权限，这就意味着，抖音超越了其他的电商平台，以极低的门槛开放给所有用户成为商家，冲击了网红带货达人的机会。好物联盟还包含全方位的带货解决方案及各种专属的流量扶持，专业的手把手运营指导，以及丰富的奖励。

2019 年 6 月 18 日，抖音购物车还接入了京东，向第三方电商平台开放。其电商变现平台因其顶级的流量平台、更低的准入门槛、更短的交易流程，成为一匹黑马。而抖音直播带货也已经成为年轻人群购物的常用渠道。

2019 年 1 月，抖音还与中央电视台合作，成为 2019 年中央广播电视总台春节联欢晚会的独家社交媒体平台。春晚话题总播放量达到 247 亿次，发出了 5 亿元现金红包。与此同时，抖音定位于广大年轻群体以及全球的定位也引起了新华网的主意，在新中国成立 70 周年大庆之际，新华网联合抖音发起了“我为祖国骄傲”的活动，于抖音客户端上线，引起了广泛的关注与好评。2019 年抖音日活跃用户达到了 4 亿个。

2020 年初，字节跳动将旗下的火山小视频与抖音进行了品牌整合升级，火山小视频更名为抖音火山版，并启用了全新的图标。因为国内疫情的影响，手机新媒体粉丝普遍大涨。抖音用户在这一年日活跃用户达到了 6 亿个，抖音还推出了为医护人员点赞等，总获赞 10 亿次以上。同时抖音也适时推出了网络直播课程，其高校直播中，清华大学直播占据头名，带领了一波“全民上清华”的风潮。而在疫情过去之后，抖音见证了全国旅游业复苏，国庆全国景点打卡量超过当年春节10倍，并由此开战了全国城市抖音获赞TOP10和景点上升最快TOP10，助力了疫情后旅游业的恢复。

2021年，抖音再次成为总台春节联欢晚会的新媒体合作伙伴。鼓励全国人民云拜年，并发放了12亿元红包。春晚抖音红包互动次数达到了703亿次，直播间累计观看人次12.21亿，新媒体行动总曝光量813亿，抖音用户云拜年视频总播放量506亿，获赞62亿。

纵观抖音的历史，这几年的时光，抖音无异走的是一条发展、反思、树立核心价值观、规范，再发展，并且不断修正的路。从零到新媒体行业的巨擘，抖音的“一夜暴富”也有很多值得令人深思和反省的地方，而其精准的算法，不再让客户只能看被选择的内容，而是根据客户的需求推送内容，这种“客户中心化”而非“媒体中心化”的新媒体推介手段无疑具有划时代的意义。而它联合国家机关、部委、总台等平台，推出的符合社会主义核心价值观的短视频和直播，以及对疫情期间医护工作者的点赞，提供网课平台，其正能量也为自己提供了良好的基础。而其商业模式也让“抖商”成为“微商”之后一只不容忽视的力量。

三、市场价值及前景

抖音包括其母公司字节跳动目前尚未上市，而抖音海外版Tiktok在2020年由于众所周知的原因在海外市场发展受阻，但是其估值依旧达到了500亿美元。

2021年4月2日消息，字节跳动正考虑让抖音在纽约或香港上市，其在私募市场的价值一直在膨胀，最近的估值已接近4000亿美元。

2020年胡润全球独角兽榜于8月出炉，而所谓独角兽企业就是指创办时间较短（一般在十年内），估值在10亿美元以上的科技初创企业，他们获得过私募投资且并未上市。这类企业的特点是属于增长速度非常快的朝阳产业，具有独特的核心技术或者颠覆性的商业模式，是某一个行业细分领域的龙头，其中部分公司还可能成为某一个新兴领域的霸主，具有极高的商业价值。

在这一次胡润全球独角兽榜单中，字节跳动公司位列第二，估值达到了 5600 亿元。

而 2020 年，字节跳动关于抖音项目，4 月单月应收 7800 万美元，较去年同期上涨了十倍，位列全球移动应用排行榜榜首。

抖音在扶植自身客户上也投入良多。2020 年 9 月字节跳动 CEO 张楠公布，截止 8 月，有超过 2200 万人在抖音合计收入超过 417 亿元。张楠表示，未来一年，抖音希望把这个数字翻一番。

抖音宣布了全新的创作者扶持计划。抖音市场负责人史琼宣布，未来一年，抖音将投入价值 100 亿元流量资源，通过流量扶持升级、服务手段完善、变现渠道扩展三方面帮助创作者在抖音赚到至少 800 亿元。

而根据凤凰网的数据，抖音 2020 年年底直播销售流水超 5000 亿元。

抖音的未来无可限量，而能搭乘抖音这艘巨轮扬帆远航，也可能就近在眼前，并非梦想，只要你勇敢的踏出第一步。

■ 第二节　看抖音的是谁

——抖音核心受众画像及使用时长、高峰时间等细分精准特点

在使用抖音的人群中，看抖音的人占大多数，到底是什么人在看抖音？使用抖音？接下来我们将从观看抖音人群的基本画像、细节特点来说明。

一、受众画像

（一）年龄

抖音在 2016 年初面市，就定位于年轻人群，也就是所谓的“90 后”

“00后”，乃至“10后”。而在抖音2018年6月的调查数据里，30岁以下的人群占据了使用抖音总人数的52.26%，30~40岁的人群占据了38.18%，而40岁以上的人群占据了9.56%。而到了2019年，这个比例在悄然改变，由于用户数量的激增，抖音的年龄跨度开始拉开，“80后”使用人群增加，但是年轻人占据抖音主流客户的趋势基本没有大的变动。

2020年后，由于健康码等日常生活所需的原因，智能手机的普及率迅速增高，这样，原来40岁以上的人群乃至老年人，使用智能手机的比例更高，而抖音抢红包等亲民活动也促使他们参与其中，因此40岁以上人群使用抖音的比例在这一年明显增加。但是数据表明，这个比例只是稍稍向上挪动了5岁左右，而抖音推出的青少年模式也让青少年的比例较为受控。

根据最新的调查报告显示，45岁以下18岁以上的人群目前是抖音受众的主要人群，而18~30岁是抖音的最核心人群。随着抖音的不断发展，这上下界限也在不断被扩大突破。

（二）性别

2018年6月，根据抖音自己发布的报告，其用户中女性比例占了60%，男性占40%。而到了2019年，男女比例渐趋平衡，基本对半分布。

截至2021年上半年，这个比例依旧维持在男女各半，而细分市场调查数据表明男性19~24岁与41~45岁对抖音偏好程度高，而女性则是19~30岁偏好程度高。

（三）地域分布

在2018年的报告中，抖音受众广泛分布于一二线城市，占比高达45%。这是因为一二线城市这种经济发达地区对新鲜科创产品的接受度高，且一二线城市年轻潮流人群较多，比较容易接受抖音的定位，容易成为第一批用户。

而在2018年之后，随着抖音的爆火，下载量猛增，三四五线城市也开始成为抖音受众的新生力量。而其核心受众的岁数比一二线城市的18~30岁还要宽一些，达到了18~35岁。

截至2021年上半年，抖音已经火遍了全中国。其海外版虽然经历了风波，但也已经无可置疑地成为全球最知名的短视频社交软件。

在中国范围内，沿海地区和经济发达地区是抖音的主要受众所在地。2018年的报告指出，排列于抖音受众前三位占比的省份分别是：广东、江苏和山东。2020年，抖音三甲的省份是广东、浙江、江苏。而在城市排行榜中，北京、上海、广州、深圳、成都、重庆、西安、杭州、郑州、南京位列前十位。武汉等一线城市紧随其后。

（四）收入水平、受教育程度

最开始因为抖音内容的单薄，致使大家对其都有个普遍的印象，觉得抖音用户的收入水平和受教育程度都偏低。而随着抖音平台内容的广泛多样甚至政府官方属性用户的加入，抖音的受众受教育程度和收入水平明显开始被提升。

根据2020年的调查数据，一二线城市抖音受众者中大专及本科以上学历占比超过50%，人均月可支配收入从5000元到10000元的占比较高，占抖音的65%，而10000元到20000元的也占据了10%左右的比例，月均收入20000元以上的人群较少，这和抖音的年轻定位分不开，也和中国的实际收入比例分不开。高收入、高年龄的人群并非抖音的主力人群，而较为年轻，初入社会，或者依旧在奋斗中的年轻人才是抖音受众的主要构成人群。

综上所述，看抖音的人，以18~30岁一二线城市以及经济发达省份的年轻人为核心人群，近两年逐渐扩张至三四五线城市以及内陆城市，其人群的年龄边界也逐渐扩张至45岁左右；男女比例各半；收入水平以5000~10000元占多数，但是因其巨大的人口基数，这一人群创造的价值如前所述：2020年，单抖音直播收入的流水就达到了5000亿元，具有巨大的商业价值。

二、抖音受众细分精准特点

（一）观看时长和高峰时段

根据专业机构的市场调查报告显示，截至2021年上半年，抖音人均使用次数23次，人均单日使用时长69分钟。

纵向对比手机APP，抖音也位列前茅，成为人们最常使用的APP，在手机APP使用中占据了流量的主要出口。

周末是看抖音的最高峰时段，两个高峰时期分别是12点和21点，7~16点活跃度很高，而19~22点活跃度低。而正常的工作日，高峰集中在21点，5~17点活跃度高。但总体数据略逊于周末。

这和看抖音的人大多是需要谋生的年轻人是分不开的。但是不管工作日与否，每天的21点是抖音的黄金时段。除此以外周末的12点也是白银时段，值得重视。而工作日凌晨0~4点与周末的0~7点都是抖音的低位。

而平时的午饭、晚饭时间以及晚间通勤时间和周末晚上的集中娱乐时间也都不是观看抖音的高峰时间，这和抖音观看人群的基本画像特点是符合的。

（二）不同年龄段观看的兴趣偏好

抖音目前的视频类型虽然越来越宽广，但是基本集中在几个大类上，而按照年龄的不同，又有所细分。

其中，“00后”大部分集中在知识读书、时尚穿搭类的视频。这是因为这一部分人大部分还未踏出校门，对知识读书类依旧处于积极吸取的阶段，而他们的独立意识逐渐萌发，开始学习打扮自己，希望从外表上先有自己的风格，所以会关注此类内容。

“90后”对游戏、二次元的视频兴趣较高，也有部分继续关注知识读书类、情感类和时尚穿搭类以及一切新鲜潮玩、萌宠、美食、时尚、旅游类视频，这一部分人群也是抖音中占比最高的。因为伴随他们成长的游戏和二次元已经成为他们生活的一部分，所以这一类视频广泛受到关注，并且黏度强。

而他们的生活也面临着继续深造和情感以及对一切新鲜事物的关注，所以他们可谓带领着抖音的潮流。又因为二次元以及游戏的特点，其中22~24岁左右的男性为抖音贡献的流量最多。

“80后”因为往往已经成家立业，因此关注的主要在汽车测评、房产、装修、母婴、亲子、教育、旅游、影视、演绎等相关类目的视频，也会关注新闻视频和社会热点。他们的视频关注都有个共同的特点——务实，他们在大件商品上的消费能力无疑高过“90后”和“00后”，观看抖音的时段也因为工作繁忙和家务所累，所以比较固定。

“70后”的生活相对稳定，所以他们除了关注实用的房产创秀等，还很关注演绎、影视、旅游、宠物、音乐、美妆、舞蹈、体育运动等相对享受生活的内容。这一部分人中，反而是三四五线城市的人群超越了一二线城市同年龄段的人成为这一年龄层的抖音观看主力，这和一二线城市生活压力大于三四线城市是有关系的。他们的特点是黏度强，会持续关注，不会轻易取关。

“60后”关注的大部分是养生、美食、母婴、舞蹈类视频，这一部分人目前在抖音的用户中占比较低，但是对视频的转发比例较高。

(三) 按照大致视频类型的细分人群

1. 游戏类：“00后”“90后”包括部分“80后”人群居多，男性占比较高。

2. 二次元：“00后”“90后”居多，女性占比较高。

3. 知识类：“00后”“90后”居多，男女各半。

4. 旅游类：“80后”“70后”较多，男女比例各半。

5. 母婴类：“80后”“60后”较多，女性居多。

6. 时尚类：“00后”“90后”较多，女性居多。

7. 美食类：“00后”“90后”“80后”“70后”都有关注，涵盖范围广，男女各半。

8. 汽车类：“80后”“70后”较多，男性居多。

9. 体育类：“80后”“70后”较多，男女比例各半。

10. 舞蹈类：“70后”“60后”较多，女性居多。

11. 亲子类：“80后”较多，女性居多。

12. 萌宠类：“90后”“70后”居多，男女各半。

13. 情感类：“90后”较多，女性居多。

14. 生活类：“80后”“70后”较多，女性居多。

15. 电影类：“00后”“90后”“80后”“70后”较为均衡，男女各半。

16. 装修类："80 后""70 后"较多，男性居多。

17. 房产类："90 后""80 后"居多，男女各半。

18. 教育类："80 后""60 后"居多，女性居多。

19. 演绎类："80 后""70 后"较多，女性居多。

20. 美妆类："80 后""70 后"较多，女性居多。

目前，抖音的日活跃量人群从 2018 年的每日 2.5 亿人，到 2019 年的每日 4 亿人，到 2020 年的每日 6 亿人 ，呈快速增长趋势。而随着抖音内容的宽泛，政府机构的入驻、传统媒体的转型等机遇，看抖音的人将继续呈现以亿为单位的增长。

■ 第三节 发抖音的是谁

——抖音视频制作者组成结构及抖音最新头部用户 TOP10 分析

其实，每一个看抖音的人也都能成为发抖音的人，但是目前为止，看抖音的人依旧是绝大多数，而发抖音的人的比例不足十分之一，但这也已经是个庞大的群体。那么都是什么人在发布这些视频呢？本节将详述抖音视频制作者的类型并结合分析抖音头部用户 TOP10 的特点来讲述这一问题。

一、抖音视频制作者组成结构

（一）政府机构

最先入驻抖音的机构有共青团中央等机构，针对抖音年轻人占多数的特点，共青团中央很快就适应了抖音这个窗口。并通过抖音宣传优秀的青年典范，树立社会主义核心价值观，针砭时弊，起到了青年的模范先锋作用。

而国资委新闻中心也在抖音开设了“国资小新”，用可爱的“严肃卖萌”形象打破了固有的刻板印象，亲民又有十足的阳光活力。

北京市反恐、特警总队也是第一批入驻抖音的单位。

随着这些先驱的出现，更多的政府机构开始入驻抖音，直接和抖音用户面对面，宣扬正确的核心价值观，并维护抖音的健康生态。

（二）新闻单位

这里指的是传统的新闻单位，比如一些电台、电视台、新闻机构，他们在抖音也实现了积极的转型。目前在抖音上，人民日报已经有 1.2 亿粉丝，央视新闻也有 1.1 亿粉丝，成为上亿的流量大 V。而有一些很有特色的地方台比如四川广播电视台新媒体“四川观察”因为其独特有趣的视角，被大家称为“四川观察，四处观察”，也拥有了近 5000 万的粉丝量。这些传统媒体积极转型，在抖音平台上发布官方消息，让抖音的公信力大大提高。

（三）知名高校

从清华、北大到各类 985、211 院校，基本都在抖音上创立了自己的官方账号。在 2020 年的疫情中，各大高校积极推出线上直播课程，让很多人第一次有机会参与国内顶级高校的课程并受益良多。清华大学更因其顶流的教学质量在网课直播中名列榜首，被抖音写进了当年的大数据调查。

（四）公益文化机构

最开始，国内七大博物馆入驻抖音还被称为第一批吃螃蟹的人，而现在基本全国的博物馆都开设了抖音号。除此之外，美术馆、图书馆等公益机构也都入驻了抖音。抖音已经代替很多机构的平面宣传成为各单位宣传的窗口，同时也可以发起挑战，成为各行业联动的通道。

（五）知名医院或者医疗专家等

随着 2020 年疫情的出现，国内知名的医院也纷纷开通了自己的抖音号，宣传医疗健康知识，为患者提供了解自己的机会，并且主动化解医患之间的不理解、不信任，为自己发声。

（六）企业

2018 年，首批 25 家央企登录抖音，其中包括中国核电、航天科工、航空工业这样的龙头型巨型央企。在他们的带领下，众多央企、国企开始入驻抖音。

而其他诸如华为等领军级的企业也入驻抖音，宣传产品和企业文化。

小微企业们也纷纷加入进来，抖音已经成为全企业的联合平台。

（七）明星及其周边

明星是带给抖音流量最大的个体。很多明星都开设了自己的抖音号，分享新作品以及自己的各种动态。

而围绕明星的八卦、作品、点评也是抖音不可小觑的一股力量。关于影视作品的宣传等也是抖音很重要的组成部分。

（八）个人

这其实也是抖音发布者中最大的一部分组成，从科技专家到贩夫走卒，抖音将门槛拉到一个只要拥有手机的人都可以上传视频的平等地步。

从网红带货到教授授课，从知识博主到美食分享，从猫猫狗狗到探险猎奇，从社会新闻到原创故事，个人所发布的内容可谓包罗万象，抖音给予了之前单个的个人不可能拥有的和以上所有类别平等的地位。

而抖音也提供给了普通人一条快速的上升通道和成名机会。只要抓得住，能够迅速成长甚至超过明星大 V，做对了方向也能轻松实现财务自由。

本书将着重讲述个人博主和小微企业如何快速了解和使用抖音，从零粉丝到成为抖音达人，而首先，我们需要学习一下，目前抖音的头部（TOP）用户都有哪些特质。

二、最新抖音头部用户 TOP10 分析

有句话说，“大部分的资源或者关注都掌握在极少数人手中”，这条定律在抖音依然起作用，抖音头部用户在抖音全部用户数中占比不足 5%，而获得的关注率却超过 70%。

播放量超过 100 万次的视频在抖音平台所有视频中仅占 7% 不到，但

是获得的用户关注却达到了85%以上。

要想成为千万级粉丝的头部用户或者高增长用户，让我们先来了解一下抖音前十名的用户。

根据抖音2021年最近的排行榜，以下十个账号是抖音粉丝数最多的账号。

1. 人民日报：粉丝1.2亿
2. 央视新闻：粉丝1.1亿
3. 陈赫：粉丝7265.5万
4. 陈翔六点半：粉丝6368.2万
5. 毒舌电影：粉丝5710.4万
6. 刘德华：粉丝5690万
7. Dear-迪丽热巴：粉丝5246.4万
8. 祝晓晗：粉丝4827.9万
9. 一禅小和尚：粉丝4713.2万
10. 大狼狗郑建鹏&言真夫妇：粉丝4676.3万

排行榜第一　人民日报：粉丝1.2亿

人民日报官方账号因为发布国家大事受到最多人的关注，因其权威官方的地位，以及经常发布最新的消息而引起大部分抖音用户的关注，获赞量达到了64.6亿次。其发布的关于国务院新闻办公室、外交部、国防部等关键部门以及国家领导人、外国局势等动态都是第一手新闻，单个视频播放量一般都在百万以上，甚至接近千万。因具有足够的权威性与不可取代的属性，粉丝量长期占据抖音榜首。

排行榜第二　央视新闻：粉丝1.1亿

其主体为中央电视台官方账号，制作质量精美，题材具有代表性，除了新闻之外，一系列纪录片也广受好评，其中“有你真好”的抗疫系列纪录片达到了惊人的35亿次播放量；“岩松有话说”达到了19.6亿次的播放次数；其日常发布的短视频也经常能实现300万~500万次的播放量，最低也有数十万次的播放量，总获赞数达到了46.7亿次。

排行榜第三　陈赫：粉丝 7265.5 万

“好男人就是我，我就是曾小贤”——演员陈赫因为在《爱情公寓》里的表演为大众所广泛熟知，而在《奔跑吧》等综艺中的搞笑表演也让他成为大众喜爱的明星之一。

他也是较早入驻抖音的明星，日常作品大部分都是自己的搞笑日常，偶有明星朋友出境，还有他家庭生活的点滴，因其自带喜感和“贱贱”的感觉，让众多粉丝都喜欢看他并且一直关注他。目前总获赞 6.4 亿次，单个视频作品一般有几万到几十万次的点赞，较少上百万次点赞。

他也在商品橱窗带货，但基本是其自创品牌的衣服。

排行榜第四　陈翔六点半：粉丝 6368.2 万

陈翔六点半是 2014 年开播的爆笑迷你剧，在入驻抖音之前就在头条视频位列榜首，超过当时很红的 PAPI 酱。它的特点是用时长几分钟的情节短剧讲述生活中容易遇到的囧事，以搞笑、解压、引起共鸣为目的，有时也会通过这种手段批判社会现实。其在抖音之前就在诸多平台连续更新，已经拥有固定粉丝，目前在抖音获赞 6 亿次，爆笑系列获得 46.7 亿次播放量，目前作品大部分拥有几十万次的点赞，偶有上百万次点赞的。

排行榜第五　毒舌电影：5710.4 万

毒舌电影是优质的影视自媒体，抖音影评团成员。其视频的主要形式是将一部电影浓缩在几分钟之内解说完毕。在抖音开设之前毒舌电影就有上千万的粉丝，因其独特的媒体资源，其“八大明星帮毒舌解说”系列播放量达到 2 亿次，治愈系列播放量 9.9 亿次，励志系列 8.5 亿次，搞笑 3.3亿次，总获赞10.8亿次。其在抖音发布的视频达到了 500 多个，平均获赞几十万次，偶有百万次获赞。

排行榜第六　刘德华：粉丝 5690 万

华人世界里，几乎没人不认识刘德华。从 20 世纪 80 年代起就是华人世界的巨星，其塑造的角色深入人心，《天若有情》《再生缘》《忘情水》《无间道》无一不成为经典。影视歌三栖的身份，以及数次获得的影帝殊荣，都让他在华人世界家喻户晓，他是最快获得抖音五千万粉丝的头部用户，用时不过短短几十天。其作品仅有几十个，但是点赞量也超过 1.7 亿次，是明星账号的典型代表。

排行榜第七　Dear-迪丽热巴：粉丝 5246.4 万

女演员迪丽热巴，引起了广大粉丝的关注。其视频多使用抖音小道具等，因其足够的市场影响力，虽然她的视频作品仅有 29 个，但是每个都获赞百万次以上，最开始的两个视频甚至获赞千万次，总获赞量 1.7 亿次。

排行榜第八　祝晓晗：4827.9 万

祝晓晗，抖音知名网络红人，人气主播，以拍摄日常家里生活的一些搞笑、生动的小视频走红。其吐槽父女关系的视频诙谐幽默，让广大受众最有共鸣，所以最受欢迎。“一天不整我爸”系列播放量达到 14 亿次，“小魔王祝晓晗”播放量 13.2 亿次，总获赞 8 亿次。目前开展了网络直播和带货，联动了贾玲、张小斐等明星，日常销售化妆品、日常生活用品等，获得了不俗的成绩。

排行榜第九　一禅小和尚：粉丝 4713.2 万

一禅小和尚是动漫 3D 形象的抖音自媒体账号。主角是一个 6 岁的小和尚，从小被师傅阿斗老和尚收养，经常问师傅一些有趣的问题，而师傅都能给出颇为幽默、智慧的答案。视频短小精彩，其中“长大了就还俗”系列获得了 19.9 亿次播放，“只谈风月不谈恋爱”获得了 13.6 亿次播放，“迷悟之间”系列获得了 6.5 亿次播放，总获赞 2.6 亿次。

排行榜第十　大狼狗郑建鹏 & 言真夫妇：粉丝 4676.3 万

原名广东夫妇的他们，最开始是拍摄广东夫妻的日常生活，后来因为包租公和包租婆的视频大火，又加上他们与女儿的互动等，成为抖音大 V，总获赞 7.5 亿次。商品橱窗大多带货一些化妆品，销售成绩不俗。其单个视频虽然获赞量不算太多，但是，更新频率高，且有稳定粉丝，所以也一直占据着流量 TOP 的地位。他们的日常直播和带货收益颇丰，是典型的经营得当的账号。(本数据截止至 2021 年 5 月)

以抖音前十可以看出，权威媒体、明星、电影解读、小剧场视频拍摄者、动漫小视频剧场是抖音头部用户的主要组成部分。而权威媒体的粉丝与第三名的明星已经拉开差距。在抖音之前已经深耕几年拥有固定粉丝的毒舌电影本身已经自带流量、陈翔六点半、一禅小和尚等也是如此，他们的视频幽默、接地气属性明显。而个人博主中，能引起人们共鸣的短视频博主祝晓晗、郑建鹏 & 言真同样也因其生活化、幽默、贴近大众、接地气的表演广受关注。

抖音目前的风格可见一斑，但是抖音未来的风格会是如何呢？

■ 第四节　抖音年度大数据报告解析

——什么是抖音官方希望你注意到的关键词和未来抖音的趋势

一、抖音年度大数据关键词分析

抖音自 2018 年起发布年度大数据报告，这一报告由字节跳动官方发布，一方面是数据的主要汇总体现，另一方面也体现着抖音官方希望引导的方向以及希望抖音用户注意到的一些关键信息。以下将分析目前抖音发布的最新的 2020 年 1 月至 12 月的大数据报告，来帮助大家理解抖音目前最官方的数据分析。

1. 抖音日活跃用户

抖音日活跃用户突破 6 亿个，相比 2018 年的日活跃用户突破 2.5 亿个以及 2019 年的日活跃用户突破 4 亿个，呈现出了惊人的上升趋势。这也说明抖音未来的用户基数还将扩大。抖音官方把这一条放在大数据报告头条无异说明了抖音官方对用户增长的信心，以及将抖音做大做强做得更为人熟知也充满了信心。

2. 抖音日均视频搜索次数

抖音日均视频搜索次数突破 4 亿次，2018 年与 2019 年均没有公布这个数据，这说明抖音官方开始重视视频搜索。抖音从过去大家随便浏览到定向搜索，说明抖音视频开始呈体系、规模，有一些抖音视频博主开始具有黏度，而抖音的热搜榜开始逐渐被大家所重视。

这就意味着抖音开始逐渐具有话题领袖，引导社会热点关注以及内容分类清楚、短视频博主们开始对粉丝具有持续性的吸引力了。而通过主动搜索也可以让抖音更清楚社会热点或者粉丝兴趣所在，相辅相成。

3. 抖音见证的离别和团聚、恋爱分手与结婚

抖音 2020 年，记录了 892 万次团聚，同时也记录了 221 万次离别；记录了 2871 万次恋爱结婚，同时也记录了 1059 万次分手。而在 2019 年，有 46 万个家庭用抖音拍摄了全家福，相关视频播放量达到 27.9 亿次，被点赞 1 亿次；308 万个亲子视频被父母们拍下，记录了与孩子相处的温馨日常；176 万次迎接新生，18 万次高考，36 万次毕业，709 万人分享婚礼。2018 年则记录了 365 万次相聚，1024 万次相聚，204 万次脱单，200 万次失恋，235 万次毕业，583 万次结婚，37 万次生子。

4. 抖音的年度关键词

2020 年，有 761 万条视频关于“放弃”，也有 6913 万次评论关于“坚持”；有 220 万条视频关于“怀疑”，也有 1.3 亿次评论关于“相信”；有 1491 万条视频关于“太难了”，也有 18 亿次评论关于“加油”。

2019 年，有 430 万次“太难了”，也有 3791 万次“加油”；有 223 万次“失败”，也有 691 万次“打拼；有 106 万次“漂泊”，也有 152 万次“想家”。

这个关键词说明抖音对年轻人想法的取向是正能量的，这是抖音可贵的价值取向内核，也是年轻人的共同趋向。

5. 抖音陪你共同战疫

2020 年全球新冠病毒的疫情改变了很多，也让抖音担负起了一定的社会责任感。在疫情期间，抖音关于疫情防控的视频总播放量达到了 423 亿次，组织了 99 场一线专家的直播，1601 万人在线学习疫情知识，医护人员在抖音上获赞超过 10 亿次。

这一组数据充分体现了抖音在疫情期间做出的贡献。精彩的宅家和防控抖音段子成了疫情期间最好的宣传防控工具，流传到了全国乃至全世界，对全球疫情防控都做出了贡献，抖音把这一组数据放进年度数据报告

里还是第一次。

6. 抖音助力线上经济

这也是抖音首次放入年度报告的数据，其中“援鄂复苏在行动”中42779家湖北商家在抖音带货41亿元，螺蛳粉成为抖音用户最喜欢购买的小吃，超过5000名手艺人每天在抖音售卖作品，其中非遗手艺人@铁人小哥哥，直播一个月卖出480万元。

“抖商”在淘宝卖家、微商之后逐渐兴起是非常值得注意的一点。抖音还为助力线上经济专门投入了资金，截至2020年8月，有超过2200万人在抖音合计收入超过417亿元，而抖音官方提出的希望是2021年，这个收入将提升到800亿元。

7. 抖音陪你宅家生活

因为疫情的特殊原因，2020年抖音记录了大家的宅家生活。其中电饭锅蛋糕成为用户最爱的自制美食，有关视频播放量达到了93亿次，而1446万人在抖音上参与了云健身，钓鱼成为抖音用户最爱的休闲运动，获赞超过8亿次。

宅在家里的大家对抖音的依赖开始增强，通过短视频来沟通、交流成为抖音用户上涨的一大原因。抖音的社交功能从未受到如此重视，甚至引导和指点着人们的日常生活。

8. 抖音和你一起搞学习

疫情带来的“上网课”也成为抖音的一个重要功能，无意中实现了教育的平面化。3600万人同时观看了清华大学的直播，让清华大学在直播观看人数排行榜中名列前茅。而位列前十的还有北京大学、北京师范大学、同济大学、复旦大学、武汉大学、浙江大学、北京航空航天大学、上海交通大学以及重庆大学。2019年的报告中抖音也有1489万条知识视频，1.3亿人听过@向波老师的化学课等。

9. 全国人民爱用什么样的姿势玩抖音

星期日的20~21点是全国人民最爱拍抖音的时候，贵州人最爱拍抖音，同时也是点赞狂魔，湖北人最爱分享，安徽人最爱评论。

而2018年的报告显示，12~13点为抖音用户活跃的午高峰，18~19点是抖音用户的晚高峰，21～22 点是夜高峰，午高峰最活跃的城市是成都，晚间最活跃的城市是深圳。

10. 抖音不同年龄用户爱看、爱拍什么

抖音用户在 2020 年，“60 后”爱拍舞蹈，爱看萌娃；“70 后”爱拍美食，爱看婚礼；“80 后”爱拍风景，爱看穿搭；“90 后”爱拍萌娃，爱看新闻，“00 后”爱拍动漫，爱看动漫。

2019 年，“60 后”用户爱拍舞蹈，爱看婚礼；“70 后”爱拍美食，爱看手工；“80 后”爱拍亲子，爱看风景；“90 后”爱拍风景，爱看生活探店；“00 后”爱拍二次元，爱看萌宠。

2018 年，“60 后”爱拍萌娃，“70 后”爱看单人现代舞，“80 后”爱拍手势舞，“90 后”爱拍自拍。

11. 抖音不同年龄段爱用的表情包

“70 后”所用的表情包比“00 后”“90 后”“80 后”加起来都多，最常用的是点赞手势，而“60 后”是玫瑰花，“80 后”是大笑，“90 后”是捂脸笑，“00 后”是捂住嘴感动哭。

12. 抖音最受欢迎背景音乐 TOP5

TOP1　少年（这首“我还是曾经那个少年，没有一丝丝改变”也几乎唱遍了每个角落，而每每听到，大家也认为是抖音的标识。）

TOP2　我和你

TOP3　旧梦一场

TOP4　世界这么大还是遇见你

TOP5　微微

目前，流行音乐榜已经和抖音结合的非常紧密，很多商家还因此推出洗脑神曲，比如“你爱我，我爱你，蜜雪冰城甜蜜蜜”等，就无异是抖音音乐+营销的最佳案例。

13. 抖音见证全国旅游业复苏

2020 年春节几乎无人出游，到清明、劳动节的一路攀升，再到国庆节的陡然上升，都见证了后疫情时代中国旅游业的复苏。

14. 抖音获赞城市 TOP10

武汉获赞 83 亿次，北京 68 亿次，成都 53 亿次，其后是上海、重庆、杭州、广州、深圳、郑州和西安。

疫情中的英雄城市武汉被大家关注和鼓励得最多，榜首实至名归。

15. 抖音上升最快的景点

抖音统计了获赞量超过 1000 万以上的景点，其中银基动物王国稳居榜首，其后是衡水野生动物园、上海四行仓库抗战纪念地晋元纪念广场，济南野生动物世界、侠天下旅游区、三清山旅游风景区、花果园湿地公园、长沙世界之窗、普陀山风景名胜区、老君神风景名胜区。

16. 全国县城获赞 TOP10

目前，河南新野县获赞第一，其次是安徽金寨县，湖南新化县、四川南部县、安徽霍邱县等，其中金寨县、新化县、南部县、霍邱县为贫困县，今年已经全部脱贫。

2018 年的榜单中也有县城播放量 TOP10 和热门贫困县景点 TOP10。

二、历年报告中的变化和未来趋势分析

1. 值得注意的导向

2018 年抖音的报告是最具有价值导向的，比如出现抖音成为政务和媒体信息传播的新平台：政务号和媒体号正式出道抖音，其中 5724 个政务号发布了 25.8 万个短视频，获赞达到了 43 亿次，而 1344 个媒体发布了 15.2 万个短视频，获赞 26 亿次。

而在这之前，抖音几乎是明星和普通个人的天下，到目前为止，人民日报和央视新闻都成为抖音的榜首，发布的视频受到最多人的关注。

2018 年抖音还有一个版块是抖音与传统文化碰撞出火花，2019 年，知识类视频得到了抖音的重视，而 2020 年，抖音的战疫版块也被重视。

维护社会主义核心价值观，帮助政府发布官方消息，帮助权威媒体发布视频，以及提倡全社会的正能量成为抖音最主要的价值导向。

2. 消失的大数据

2018年和2019年，抖音都有贴纸使用的TOP10。这种可爱的视频拍摄手段曾经带来了不小的流量，而在2020年这个数据消失了。不是因为抖音贴纸的消失，相反，抖音的贴纸反而增多了，这个数据的取消说明抖音已经不靠这些来吸引受众了，这已经成了日常化的一种手段。

与此同时，2018年和2019年萌宠的数据也在最新的2020年报告中消失了。这同样是因为抖音已经不需要靠这些数据来吸引受众，其更广阔的内容将吸引更多的受众。

3. 未来的趋势

从最新的抖音大数据分析来看，抖音一如既往的注重用户的增长，同时希望提高用户的黏性，其内容将更加多元化、丰富化，在符合政府政策、社会主义核心价值观的同时，将对全社会关心的话题，民众的日常生活息息相关。

其中关于后疫情时代的生活方式、城市名片的打造、营造分类更仔细的视频项目以及的扶植线上经济的“抖商”都将成为其重头戏。当然，抖音的大数据其实也是普通用户们通过一次次的搜索和观看、上传视频来决定的。抖音的搜索功能将得到重视，而抖音的热点和大数据其实将由所有抖音用户未来的趋向来决定。

第五节　抖音社区自律公约及专项治理公告

——抖音禁止发布和鼓励发布的内容和惩处方法

抖音在其发展历程中，曾经数次经历波折，最主要的就是在2018年，该年的4月10日，抖音正式上线了反沉迷系统，4月11日，抖音宣布对系统进行升级。

5月6日，抖音邀请社会各界、广大用户代表面对面地研讨拟定了《抖音社区公约》，目前该公约已升级为《抖音社区自律公约》，任何用户都可以在自己的界面打开设置，在具体子项目里查看。

一、抖音社区自律公约及惩处办法

抖音社区自律公约主要包括三个部分：抖音平台禁止的行为、抖音平台倡导的行为、抖音社区管理方式。

（一）抖音平台禁止的行为，主要分为七大类：

1. 危害国家及社会安全；
2. 开展、传播违法犯罪行为；
3. 危及未成年人安全；
4. 涉及危险行为、易造成人身伤害；
5. 违背诚信与真实性；
6. 传播不正当的价值观；
7. 不利于平台良好生态。

特别值得注意的是这七大类中，针对危及未成年人安全一项，抖音已经提前设置了未成年人保护模式，可以在一开始就屏蔽。而涉及危险行为、易造成人身伤害的部分细则规定，展现厌世、消极情绪，描述美化自我伤害或者饮食障碍的内容也会被惩处。

而传播不正当价值观的一项中也严格规定，炫富、侵犯他人隐私、展示丧葬过程、卖惨等也将会被惩罚。

而在最后一条不利于平台良好生态中规定，不符合抖音用户协议的商业广告或者商业广告招揽信息、过度营销信息、垃圾信息也不符合抖音平台规定，尤其是不经平台授权的医疗类风险内容会被禁止。利用平台漏洞实施作弊、非法交易账号、劫持账号等同样会被严厉打击

（二）抖音平台倡导的行为，分为以下九大类：

1. 尊重抖音社区其他用户，平等友好的传递温暖的社区氛围，不攻击、谩骂、侮辱、诽谤、歧视他人，不侵犯他人合法权益；
2. 呼吁建立友爱的抖音社区，关爱未成年人，关照老年人，尊重性别平等；

3. 鼓励原创内容，倡导展现积极正向的作品；

4. 建议用户重视文字的实用，避免出现错别字，自觉遵守语言文字规范；

5. 倡导勤俭节约、合理饮食、反对餐饮浪费；

6. 请敬畏生命，反对捕杀、盗采珍稀野生动植物，拒绝捕杀和食用野生动物，关爱动物，不虐待、猎杀、交易活体动物；

7. 做文明公民，不闯入、破坏国家自然保护区，善待自然资源；

8. 建议抖音用户提高网络安全防范意识，对网络交友诱导赌博、贷款、返利、中奖、网络兼职点赞员等网络诈骗行为提高警惕，如有异常可以向抖音平台举报；

9. 鼓励经济、教育、医疗卫生、司法等专业人士通过平台认证发布权威真实的信息，分享行业知识，促进行业繁荣。

（三）抖音社区管理方式

这就是抖音的官方惩处办法：抖音社区用户违反以上公约的行为，抖音平台将采取包括但不限于删除违规内容（包括视频、音频、直播、图像、评论和文字），暂停或停止违规用户账号功能等措施。这也就是大家常说的封号，封号之后，如果有不服，可以申诉。

对于屡次违反社区公约或者造成恶劣影响的，抖音平台不但将封号，还将保存有关记录，并向主管部门报告。

2020 年，抖音站内举报处理违规内容 2719 万个，2020 年通过用户反馈，处理封禁诈骗相关违规账号也达到了 46829 个。抖音鼓励用户对违规内容进行举报反馈。

注意：以上内容引用自抖音平台《抖音社区自律公约》等，在此特别说明。

三、抖音专项治理公告

除了社区自律公约之外，抖音还会根据每年的实际情况，适时的推出专项治理公告。其中2020年11月推出的《关于内容低质画风的专项治理公告》称平台将重点打击演戏炒作卖货、卖惨营销等扰乱平台秩序的行为。一旦发现，将进行封号、关闭商品分享功能、扣除用户信用分、扣除保证金等处罚。

而关于持续打击养号、卖号黑产处理的公告称，截至2020年10月，平台累计处理了133904个视频，33028个音频，1862个挑战，永久封禁826100个账号。

这一公告重点打击违规买卖、收购大量非实名手机卡囤积抖音号，再将其售卖给互联网黑色产业等行为。

总之，抖音用户必须注意的是不能触犯国家法律和法规，必须在符合一般社会法则和公序良俗的范围内拍摄和使用抖音，评论也不可认为抖音就是法外飞地就传播不良言论，恰恰相反的是，抖音的规范甚至比一般的法律更加细致和严格。倡导的导向也会十分注意其引导性，倡导正能量，而相关商业行为必须获得批准，并接受严格的监督和检查。

第二章 内　容

本章将以专业媒体制作内容的流程来进行，分别是市场调查、选题、策划、基本方法等，这也是一般专业媒体制作必经的四个阶段，按照此流程规划，会得到一个完整的思路以便以后的拍摄。

■ 第一节　市场调查

——抖音目前热门的内容类目 TOP10 和涨粉最快的内容类目 TOP10

对一个一无所知的项目最好的开始是什么呢？了解它。从前一章，我们对抖音的总体情况已经有了一个大概的了解，而通过对抖音头部用户的分析，也知道目前最热门的就是权威媒体、明星以及个人博主三大类。前两类我们无法复制，只能借鉴他们的一些做法，个人短视频制作者和机构短视频制作者如何从小白到抖音达人才是本书的重点。

所以本节将先从目前抖音最热门的内容类目来进行市场调查，为大家开始分析，并在分析中为大家理出未来抖音可能受瞩目的内容类别。

一、抖音目前热门的内容类目 TOP10

抖音的内容包罗万象，大致划分有游戏类、二次元、知识类、旅游类、母婴类、时尚类、美食类、汽车类、体育类、舞蹈类、亲子类、萌宠类、情感类、生活类、电影类、装修类、房产类、教育类、演绎类、美妆类等等。

以下，我们按照抖音最新 TOP100 的大 V 视频制作者分析，总结出了目前细分类目中最受热门的 10 种内容类目。

1. 情景剧场扮演、娱乐才艺搞笑类

抖音 TOP10 中上榜的陈翔六点半、祝晓晗和大狼狗郑建鹏 & 言真（广东夫妇）都属于这一类。他们都拥有四千多万到六千多万的粉丝，他们的视频内容大多来自日常家庭生活，比如打工人日常、父女日常、夫妻日常，往往只有固定的几个人出演，而都有一些日常接地气的笑点，也由此能唤起广大网友的共鸣，带货也会有一定公信力。

最新的疯产姐妹等属于第二人称视角剧场，也很受欢迎，还有类似毛毛姐和多余等一人分饰多角，也被称为精分小剧场。这两个账号的粉丝也有三千多万，这两类的出演人数更少，但是内容与前几个都趋同。

值得注意的是这一类中除了情景剧场之外，还有娱乐才艺搞笑类。拥有千万、百万级粉丝的大 V 中这一类制作者占比达到了 40%左右。可见，抖音的娱乐功能目前还是大家看重的，做这一类的视频比较容易得到大家的共鸣。

其取材内容也大多来自日常生活，用最接地气的内容来提供层出不穷的创造。而用搞笑娱乐来让大家在看抖音时获得快乐，由此推荐一些日常的商品，可谓一个较为完美的内容模式。

2. 电影解说类

这一类作品以毒舌电影为榜首，粉丝达到了五千多万，用几分钟最多十几二十分钟看完一部电影，往往还带有点评。有人说人生值得看的电影至少有两千部，可是现在紧张的生活节奏让大家都无法有太多的时间去观看电影，而避开烂片，快速浏览就是这类视频号的目的所在。除毒舌外，还有很多类似的电影号，推荐电影、加以点评、快速剪辑。这一类的内容优点是画面优质、内容广泛，但是有一个很大的缺点是：可能涉及到版权问题。

有很多影视界的人士联署抵抗这一类的视频号，认为他们消耗了自己的劳动成果，而点评过程中也容易涉及到纷争，所以做这一类的视频内容需要谨慎。

3. 二次元类

“00 后”“90 后”最偏爱此类内容，一禅小和尚能位列抖音 TOP10 也说明了此类问题。“00 后”“90 后”是二次元的一代，随着他们成为核心用户，这一类的内容有长足的上涨空间。但是这一类视频制作成本偏高，内容原创度高，操作难度高。需要一定的门槛才能进入。

4. 时政社会类

这一类是延续了权威媒体新闻时政成为抖音 TOP1、2 的势头，目前抖音上看新闻已经逐渐成为一种甚至超过权威互联网的方式，这主要是因为抖音热搜榜的更新速度非常快，而且看视频新闻比平面新闻更加生动有趣且节省时间。从某种意义上说，每个人都有可能成为时政社会类的爆红视频制作者，但是这类视频的缺点是偶然性大、持续性不强。

除非一些比较稳定的媒体单位，例如四川观察，创造出了“四处观察”的美名，上升速度就非常快了。

5. 美食类

从李子柒到日食记，这一类视频其实是把生活方式蕴藏在美食之中，这一类视频能快速升到热门，和后疫情时代是不无关系的。关在家里的大家只能用电饭锅做蛋糕，自己动手做各种美食也成为一种趋势。

除了在家做美食，发现美食也是中国人最喜欢做的事情之一，《舌尖上的中国》等纪录片的爆火也说明了这一点。美食类内容将一直占据大家的视野，并且持续得到关注。

6. 知识教育类

这一类视频也是和后疫情时代不无关系。大家只能在家里上网课的时候，有趣的知识教育类视频也就有了较高的播放量。目前这一类视频还有很大的上涨空间。“00 后”与“90 后”还处于吸收知识的阶段，而他们作为抖音的主力人群依旧会关心这一类的题材，而“70 后”“80 后”也同样需要观看这一类的视频。只要抓准受众，知识教育类内容将有很大的上涨空间。但是抖音对这一类管控严格，必须经过官方认证获得黄 V 标志才允许输出。

7. 萌宠类

可爱的猫猫狗狗自不必说，熊猫、海豚以及可爱的动物们一直也是抖音的热点。2018 年和 2019 年抖音的大数据报告里这一类的视频也都有所体现。这一类内容的制作者虽然大 V 的数量不算太多，但是上百万粉丝的数量很大，而且持续关注度高，带货的可能性也比较高。

8. 旅游类

这一类内容目前因为后疫情时代集中在国内旅游。而各个城市都在推广城市名片的同时，加大了宣传力度，努力宣传“网红城市”“网红景点”。这一类视频也因为抖音官方对城市名片和扶植贫困县的立场而呈持续上升趋势，自驾游、房车游、野奢游、打卡游等新的形式也在这类的内容中凸显出来，自然美景永远是能治愈人类最好的良药，而广大特色酒店、民宿等也在这一类视频上持续贡献素材。

9. 情感类

这一类其实也是永恒的话题，因为只要是人，就会有情感，尤其在年轻人群中。不仅有爱情，还有亲情、友情，这一类视频制作者的特点也是虽然头部的用户少，但是上百万粉丝的多，且因其具有一定连续性，内容会持续更新，粉丝对其有一定黏度，不会轻易脱粉。

10. 游戏类

这一类的受众大多数是游戏玩家，看攻略、围观别人的游戏过程，以及上传自己游戏的过程都是这类视频的内容。因为游戏已经成为年轻人群不可分割的一部分，所以这一类视频会一直有市场，并且获得广泛关注。

综上所述，抖音目前的热门内容中，娱乐、搞笑、接地气是其最重要的特点，与人们的日常生活息息相关是最热门内容的最主要来源。

二、抖音目前涨粉最快的内容类目 TOP10

1. 脱口秀类

这类内容其实可以归于娱乐搞笑类，但是有别于情景剧场等的设置。这种视频的画面往往都是随意的拍摄日常生活等，主要在于制作者本人讲述的能力，往往生动、搞笑，还颇有一些观点和看法，因为拍摄简便，所以更新频率也更高。而脱口秀因主流媒体的快速崛起，带火了这一类短视频制作者，例如李雪琴、张彩玲等都是从吐槽大会、奇葩说等又回归抖音并快速涨粉的。

2. 时尚、服装、美妆类

很多所谓的网红都产生于这个类目，这一类的受众也是十分广泛。过去大家在淘宝买衣服，后来在微店，现在已经有很多开始在一次次的直播中以及观看短视频之后下单了。很多独立设计师包括为明星做衣服的设计师们都在抖音上分享自己的作品；而网红们在机场、大型 MALL、漂亮的景点的街拍视频也引发了众多网友的关注；美妆博主中大胆有趣的仿妆、古风等也有很多人关注。所以这一类将持续具有生命力，并在抖音扶植政策中具有良好的市场前景。

3. 房产及改造类

过去看房子，大家都是实地去看或者通过 VR，而现在越来越多的房产经纪开始拍摄房产内部带看视频，节省客户时间，并且扩展自己的受众。而很多装修设计公司、设计师们甚至对装修有心得的素人也开始分享自己的装修过程或租房改造等，这一类视频也有很稳定且黏度强的粉丝。

4. 测评种草类

什么都可以测评，不止是一般的家用电器、衣服、化妆品，就连汽车、昂贵的数码产品、相机，乃至美食都可以测评。帮助大家避雷排雷，用专业的角度解读各种不同产品之间的区别，是测评视频制作者的日常，而由他们推荐的产品也往往会具有较高的公信力。

种草视频也是如此，也许不一定上来就直愣愣地介绍商品，而是传达一种美好的意境，同时佐以专业的意见，通过时间和实践双方面的考验，从而给大家带来美好的产品。

5. 攻略类

除了旅游攻略，还有美食、健身、游戏，甚至知识学习上的攻略都广泛受到了欢迎。用先行者的姿态，把自己的经验告诉大家，并且分享一些可能踩雷的地方，或者有惊喜的部分，都是攻略类视频的优点。

6. 探店类

美团、饿了么、大众点评等最生动的体现就是探店类视频，年轻市场喜欢外卖、喜欢找网红店等的特征都符合了这一类视频的产生。而抖音官方变现版块的“团购带货”就是针对这一类视频，有很大的流量扶持，在同城项目中上升迅猛，对需要推广引流到线下的企业也有一定扶植，比如一键定位，而且可以免费开通团购（美团等是需要付费的），所以这一类视频目前上涨很快，值得重视。

7. 音乐舞蹈类

从“像一棵海草海草，随风飘摇”到“草原最美的花，火红的萨日朗”还有“我还是曾经那个少年”，抖音带火了很多音乐和舞蹈，尤其是简单有趣人人都能学会的。音乐舞蹈类内容在抖音上也是有稳定的一席之地并且处在上升位置的。

8. 母婴亲子类

这一类的内容受众较广，很多人自己不会出境，但是“晒娃”已经成为日常。广大的市场让这一类内容处于上升通道。

9. 汽车类

男性是这一类视频的主要制作者和观看者，汽车的试乘试驾以及新性能的展现让这一类视频一直有固定受众，且随着宣传力度的增加处于上升地位。

10. 拍摄类

如何拍摄一段视频或者一张更好的照片呢？这一类的视频其实是随着

抖音等社交工具的普及开始越来越多的受到重视，虽然智能手机几乎人人都有，可是如何拍摄出高质量的画面，希望学习的人还是很多的。

第二节 选题定位是成功的一半

——如何找准自己的定位，跟随热点又有独特的调性、记忆点

所谓选题或者是定位，严格地说就是要选定你到底要做什么。在本书的范畴内就是你要做什么样的抖音视频，以下，我们将提供一些抖音视频制作者最初期如何进行选题定位的基本原则和具体方法供您参考。

一、抖音定位的基本原则

1. 定位的准确决定着你的高度、广度与精准度

为什么说抖音视频内容的定位就是成功的一半呢？因为你的定位就决定着你未来可达到的最高高度、最宽宽度和最深深度。

定位必须有一定高度，比如未来的目标，这目标可以定位得高一点。定位就是你未来发展的天花板，这一点请务必清楚。这个高度不单指粉丝数，更多的是定位的可持续发展、未来目标、变现目标等，可以由目标倒推出你需要的大致定位。

选题定位的第二点就是广度，也就是框定你的目标人群，想全部兼顾是不可能的，精准定位很重要，你必须想清楚自己的目标人群，包括最核心人群、周边人群、可发展人群。

一般定位最大的误区就是过于宽泛，想讨好所有人，这样的定位最后一定谁都讨好不了。想清楚自己到底要拍给什么特色的人看，十分重要，再根据这类人群的特点倒推自己的定位，也就十分清楚了。比如二次元、游戏类，请尽量牢牢锁定“00 后”与“90 后”群体，分析他们的特点，

并且发布他们感兴趣的话题，明白他们的经济能力有限，后期变现的产品就不能引入价格太高的，而应该是量大价低的特色。

内容等应该符合他们的习惯用语和特色以及关心的热点，以此决定到哪个界限为止。

选题定位的第三点是精准度，必须用最简单的原则来定位，简单到给受众留下很深刻的记忆点，一击即中。用一两句话即可描述和形容，甚至只用四五个字，也许就是你的抖音名称。而这种精准同时要涵盖你的内容类目、标签以及风格。

2. 定位的标签决定着抖音如何分类你

众所周知，抖音是因其算法而闻名，系统会根据视频上传者的内容由标题、画面、音乐等推算出你的标签，它也会根据视频受众的浏览习惯推送相应标签的内容。

标签不明是很大的忌讳，举个例子，比如你是摄影视频制作者，可是你拍摄的大部分是风景，你被抖音打上了“旅游”这样的标签，推送给了喜欢旅游的人，这样看你视频的人面对你讲述的构图光线等很可能划走，因为你没有碰触到他的兴趣点，他也就不会持续关注你。

你打算被推荐到哪类视频，在一开始的内容选题定位阶段就要十分的明确，并且在将来的输出中要持续的 CUE 到你的标签，这样抖音才会给你分类到正确的类目里，精准的推送给你的受众。

3. 定位的系统性与连续性关系到你的变现能力

“我没有想好怎么变现，先有粉丝再说”——这是大部分小白抖音制作者的通病，缺乏系统性会在将来的运营中变得被动。比如你是萌宠博主，却在卖手机，请问看你视频的人换手机的可能性大，还是买宠物食品的可能性大？

再比如你是个历史博物馆知识视频博主，却突然开始卖宠物食品，这会不会拉低自己视频的整体调性？至少你带货的产品不会促进你的粉丝持续关注你，你的粉丝也不会买你带的货。

所以定位必须系统，必须从内容到拍摄手法到与粉丝互动到变现，整个体系在一开始就要想好，这样将来变现才会更加有可能。

另外，系统性还有一个方面就是连续，再好的内容也不能隔很久不更新，必须系统的定期更新，才有可能稳定成长以及有变现能力。

二、抖音视频选题定位的具体方法

1. 跟随热点

首先你要知道抖音目前哪些是热点，这个在本章第一节中已经有所分析。有人说“我就喜欢炒冷饭，不喜欢跟热点”，那么请注意，除非你就打算娱乐自己，而不是从小白变抖音达人，不然你的冷饭都要和热点有关。

所谓跟随热点也不是一般意义上的“蹭热点”，而是要一直在热点范围以内，跟随或者感受到热点并且参与进来，比凭借一己之力，或者独辟蹊径希望他人青眼有加的成功几率要大得多的多。

请注意，这里的热点就算不跟随抖音当时的热点，也要跟随社会的热点。如前分析，抖音的热点大多和现在社会上大多数人的日常生活有关，和时事、大家广泛关心的问题有关，和民生的主要细节（例如吃喝玩乐、衣食住行）有关，和大家的文化焦点需求有关（电影电视、明星、知识教育等）。

而这样热点的东西也会有持续的生命力，可以提供稳定的内容，而不是哗众取宠，昙花一现。当然如果在自己的领域本来就独树一帜，有权威性的地位以及不可取代的特点，可以按照自己的风格来定位，也是没有问题的。

2. 坚持原创

这是成为抖音大V必须坚持的一个内容原则。因为即使借鉴、挪用都在合理合法的范围内，也会缺乏持续的生命力。

而自己原创的东西，就算一开始再幼稚，始终是自己种下的种子，总有一天会长成参天大树，至少也是一颗属于自己的树苗。

很多抖音创作者最开始都以为跟随热点就意味着抄袭，这是大错特错的。一来本来的大 V 们已经占据了足够多的关注，其次，抄袭的东西一旦发现会招来粉丝的不信任，这是完全没有必要去做的。可以拿来主义，借鉴别人的优点，摒弃缺点，但是坚持原创，是必须要守住的底线和原则。

抖音官方也十分支持原创，且对搬运抄袭给予严厉的打击。

3. 做自己擅长的领域

孔子说“知之者不如好之者，好之者不如乐之者”，也就是说，人们自己喜好、擅长、乐在其中的事情是最好的。在这样的自媒体时代，我们完全有这个自由可以选择自己喜欢的事情来呈现。如何发现自己到底擅长和喜欢什么呢？

（1）你自己干什么事情获得的赞赏最多

这可以从你的朋友圈开始，你获赞最多的一条朋友圈是什么？在日常生活中你也许是个平凡的人，但是你在做某一件事情的时候特别得心应手，比如说你说话特别幽默，那么你可以做脱口秀视频，但是你说得往往很短，那么你可以做金句鸡汤类的脱口秀，再比如你和李子柒一样特别会干活、做饭，那么你可以记录你的日常，做一个美食、生活类视频的视频制作者，总之，你获赞最多的事情可以成为你的起点。

（2）你自己做什么事情最专注，持续的时间最长

如果凭着一时的兴趣决定自己的定位，那么持续性一定不强，能坚持数月、数年也是必要条件，不能只凭着一时的兴趣。所谓定位，也相当于产品的基本调性或者一个人的人设，这必须是持续的，不能经常更改，就是更改也是在一定的合理范围之内。

（3）你自己的专业是什么，是否取得了一定的成就

你学习以及从事的专业技术也是找准自己领域的办法。毕竟你受的教育，你从事的专业也是你一路以来的心血凝聚所在，而且你一定在你的专业范围之内有自己独到的见解。比如粉丝接近千万的大 V“丁香医生”在上抖音之前就有了自己固定的模式和受众，陈翔六点半以及毒舌电影等也都是在自己的专业领域发挥所长。

（4）你干什么的时候最开心

这就回到了最开始孔子的那句话，乐之是做事的最高境界，因为唯有

乐在其中，才会不断探索，越做越好。

4. 有自己独特的风格调性，创造独特的记忆点

有人问，这与跟随热点是否矛盾？其实这一点也不矛盾，比如都是做农活、做饭，李子柒就因其独特的美学风格不但在国内，甚至在国外都成为了中国传统文化的代表。

要在热点范围之内找寻自己视频的独特性，让别人有可记住的记忆点。比如很多年前广告界的“恒源祥，羊羊羊”看似无厘头，但一直短时间内重复，让所有人都记住了这句话。再比如脑白金，大家甚至都不知道产品是什么，可是都记住了那两个跳舞的老人和“送礼就送脑白金”的广告宣传语。

视频的拍摄也是如此，不管是古风、东北二人转、脱口秀还是时尚街拍，都要有自己独特的风格调性和记忆点，这样才能精准的定位自己，让受众牢牢记住。

人设更是重中之重，有人说人设就等于定位，这样的说法就说明了人设的重要性。所以人设切忌随意更换，一旦选定就要反复强调，加深差异化的记忆点，让别人看到类似的人设都能想起你的账号，那就成功了一大半了。

■ 第三节　企业“抖商”抖音定位的法则

——如何做好同类产品、竞争对手分析并快速将自己打造成网红店、网红品牌

随着抖音的普及，越来越多的企业开始入驻抖音，从平面化、电脑端的宣传到手机端是企业必须面对的宣传和销售形势的转型。从过去传统的订货销售、铺天盖地的广告，到一场直播就可以直接实现千万级以上的销售额，很多企业都完全没有明白。

但是市场的潮流不管你明白与否，是不会为任何人停下脚步的。本节

将特别为企业专门指出如何定位自己的产品，将自己打造成为网红产品、网红店或者网红品牌。

特别要说明的是，前一节针对个人的经验在企业中一样适用，只是企业的抖音号还需要一些特别的准备。

一、同类产品、竞争对手分析

企业不管是新成立的还是已经有很多年的经营史，首先都要有一个清晰的类目，先观察同类产品的抖音销售形势是十分有必要的。一般来说同类产品一定有三种——龙头产品、快速成长产品、普通产品。龙头产品背后往往是庞大的资金和持续性市场，对于这类产品，可以多学习它的优点，但是注意千万不要模仿他或者试图把自己的产品放到和他一样的地步去拼，这往往无异于以卵击石，非但竞争不过，很有可能还得不偿失。

值得注意的是快速成长的产品。他们的定位是什么，表现形式风格如何，更新频率如何，他们的抖音视频中播放量最高的是什么？为什么？他们的定位是更贴近受众，还是更多地强调企业品牌文化，抑或产品本身？

这都可以成为帮助自己快速定位的重要参考，还值得留意的是，竞争对手的抖音如果已经运营了一段时间，它的瓶颈期是什么时候产生的，后面又是如何突破的，它是在什么时候才开始直播，直播的成绩如何？后来又做了哪些调整？而即使它已经成了“过气网红”，那么它是为什么过气？到底输在哪一点，都值得参考。从一开始就明白这些，有利于企业精准的避雷、排雷，站在一定基础上，给出更高一个层次，更加聪明的定位。

而对于普通产品或者竞争对手，也是如此。虽然可能没有太多值得学习的地方，但是比如他们投入了多少，在抖音橱窗的产品到底是什么？销售成绩为什么一般？踩了哪些坑？比如曾经有一个案例，某服装企业投入了大量资金给现有的某些网红带货，而这些无良网红带货归带货，只看当时的流量和销售业绩，甚至鼓励消费者在下单就退货，无疑给企业带来了灭顶之灾。

这样的操作如何规避？可以在一开始的定位阶段就准备好足够的应对方案。

同时也可以用传统的市场销售方法，分析对手的背景、市场细分、核心价值从而把自己的产品以及品牌再度进行“抖音化”的梳理，找到抖音中购买用户的基本特征、习惯、自己的细微优势和同类竞争对手的差别所在，并牢牢地锁定这一点，比如在售后等延展服务上，客户咨询的反馈速度做得比竞争对手反应更快、处理得更周全更有诚意等，再来进行抖音定位就容易多了。

同时也可以用竞争对手遇到的问题反推自己的问题所在，在源头上掐灭可能导致自己失败的因素，定出精准的定位法则，由此带着清楚的头脑投入新的抖音范围，也是非常重要的。

二、如何快速通过定位将自己打造成“网红”

网红不止有人，更有店乃至企业、产品。所谓的网红产品、网红店往往都有着打破常规以及敢于挑战传统龙头、权威以及规则的特性，比如日渐占据市场的网红民宿就打破了酒店传统的星级制度，很多网红民宿的价格甚至远远贵过五星级酒店，并且因其得当的宣传一宿难求，且预定拿到手软，客户排队也排到数月甚至一年以后。

如何让自己的企业或者产品也成为这样的网红呢？以下几点可以有所帮助。

1. 别忙着当老大

一个行业的老大往往有着不可替代的强大背景、资源或者销售能力。所以不要上来就希望当老大。可以学习老大的优点，比如五星级酒店的服务、五星级酒店的管理方法、人员管理等，但是不能奢望一开始就要做大做强，那非但不能创造辉煌，还可能变成个笑话。

2. 和强者做对也是个办法

虽然不是上来就要做老大，但是可以和老大对比，找到与之对立的点。比如五星级酒店虽然地理位置、软装硬装都非常优秀，但是它房间的同质化严重，而网红民宿可以将每间客房都布置成完全不同的风格，在装修风格上有自己非常独特的一面，比如古风、轻奢、野奢，甚至可以根据不同的季节、不同的记忆点来打造非常特别的房间，比如帐篷、岩洞等等年轻人喜欢的新奇风格，而且还可以提供类似露天泳池、房顶上的床榻以及非常有爱的类似国际青年旅社的 DIY 音乐会、拼车、脱口秀表演等。即使都在市中心，民宿可以找到差异化，提供网红打卡拍照的景点等，将自己的差异化、风格化突出表现出来。

3. 必须找准独特的卖点

这是十分关键的一步，避开强者，找到对立面之外。还可以提纲挈领地找到自己的独特卖点，用一两句话总结，这种卖点必须要注意的是强调独特不可替代的一面，比如民宿——“可以看到故宫早晨的民宿”“住在云上”“悬崖边的木屋”“野奢帐篷，只存在三天的家”等等，都足以打动受众。

这一点也可以从传统的广告宣传中学习，比如当年的红牛“困了累了喝红牛”就强调了其功能饮料的独特功效，从所有的饮料中脱颖而出。

企业找到的独特卖点就是定位的最重要步骤，这种卖点必须是独有的，竞争对手很难比拟的，基本上无法提出的，就算有类似，也一定要找到自己独特的一点，在这个卖点中充分的展示自己的类目和独特之处。

这种独特的卖点可以不拘一格，从已有类目中学习提炼，也可以从不同的类目中获得灵感。

4. 放大品牌文化

有些成熟企业已经有自己的品牌文化，在“抖音化”的过程中，就一定要把自己的企业文化放大化，简略化。因为抖音的时长很短，如果太罗嗦，或者不够响亮，都会被人们忽略。

品牌文化的核心也是独特卖点，是天然的定位。一般来说是不需做大的改变的，但是可以将其做一定的放大。

比如更强调符合年轻人群接纳或者放大目标人群目前抖音化的消费习惯。在标题、SOLGN 的预设定位上，特意的加以强调。

同时品牌的其他宣传也要在抖音化的过程中一步步地加强大家对于核心品牌文化的记忆。让大家想起相关的语言，自动就代入你的品牌，这将会起到很好的互动效果。

5. 风格一旦选定就不能经常调整

找到独特的卖点后，就要确定根据卖点展开的风格选择，比如视频拍摄的风格调性。很多企业用户都会犯同一个错误：就是什么红拍什么，比如抖音最新流行的道具、音乐；比如别的登上热搜的视频风格；比如同行忽然冒出来的成功案例等。

这样的做法是大忌。因为一旦风格混乱，大家对企业的品牌、产品就很难产生独特的记忆。前面投入的精力、时间和拍摄的视频等都等同于无用功。

一旦选择好一个风格，必须坚持下去，实在要更换，也是要在同一记忆点，同一独特卖点下，进行适当的调整，这种调整也必须基于产品本身的调整。如果要进行大的风格改变或者新的产品推广，索性另开账号，也比硬改风格强。

企业抖音账户不同于个人账户，切忌随手拍，随手传，这样会完全破坏整体定位，让定位成为一个笑话。

6. 有强劲的后续销售力

企业创立抖音号的目的就在于销售，销售能力必须与抖音的宣传能力相匹配，不能轻易出现销售断档、跟不上，或者销售过程中售后反馈不及时或者做的不到位的现象。

在客户问询时必须及时回答，保持客户的黏性，这在一开始的抖音定位阶段也要提前预判，并且根据相关市调数据做好充分的准备。目前，抖音直播数据屡创新高，往往出乎很多人的预料，可是直播再成功，销售跟不上也是不行的。

目前，抖音在鼓励企业和电商的入驻，抖音官方称接下来将投入价值100亿元流量资源，通过流量扶持升级、服务手段完善、变现渠道扩展三方面帮助创作者在抖音赚到至少800亿元。什么样的“抖商”会得到扶植，抖音的抖LINK选品会、精选联盟、星云计划帮助人货双端如何精准匹配，抖音对于商家的“电商合作伙伴 UP 计划”是如何对商家进行扶持，巨量星图、巨量引擎等是如何帮商家品牌曝光，抖音的品牌直播基地等有哪些优惠政策……也都值得企业和个人关注，从而精准定位。

■ 第四节 选题策划

——内容的标准规范、制作流程、团队搭建和管理

内容选题定位确定后，具体的策划就要开始实施了，策划是未来执行项目的大致行动纲领，首先应该确定的是内容的制作流程、团队搭建及管理以及标准规范。

一、内容的标准规范

1. 首先应该确定的是内容的底线

例如不能触犯国家法律法规，不能碰触抖音命令禁止的内容，不能侵犯他人隐私，不能盗用他人的图片和摄影作品，不能销售非法商品等。在一开始就要让自己或者让整个团队的人明白，而自己的内容也要有底线，比如画风不能劣质，清晰度如何，内容要在什么底线之上等，都要明确。

2. 定位之下每个工作流程的标准规范细节

定位定下的基本基调要非常清楚，在具体的工作流程中予以彻底地贯彻和审查，比如脚本必须满足多少秒的时间，拍摄必须达到什么样的清晰度，剪辑的整体节奏，上传时应该检查好所有内容再发布等等。细致的还可以规定比如片头固定应该占多少秒，正片多少秒，结尾多少秒。保证每个工作程序清晰、有可参考的规范。

二、内容的制作流程

一般来说，抖音视频的制作都要经历几个流程。

第一步：脚本创作、调整和审核、定稿

抖音看似随手就拍，但是要想成为一个有生命力的抖音号，都需要一个完整的体系。脚本就是保证完整体系的第一步，也是策划最开始的体现。脚本的创作是一切的基础，创作完成后，应该再回到定位去复盘一遍，看是否符合标准，并且根据实际情况进行调整，如果是团队协作，需要有人审核，再进入下一个工作流程。

第二步：视频拍摄

拿到合格的脚本后，拍摄的第一步是画面，有的配音是同步，有的是后期。拍摄之前心里就应该有个大致的画面，拿不准可以多次重拍，直到达到理想的效果和之前确定的基本标准规范，然后进行字幕、背景音的配制。有了雏形之后要进行检查，如果发现遗漏可以再次重拍，或者进行某些素材的补拍，最后可以进行素材的优化以及审核。值得注意的是，这个阶段可以超过实际需要的时长，也可以同一个内容多拍几遍，直到选出最优。

第三步：视频剪辑

这是大多数人以为简单，实际最复杂的专业环节。如何巧妙地剪辑是非常重要的，如果拍摄的素材不好，通过剪辑也是可以适当补救的。而抖音自身，以及很多剪辑 APP 都为抖音制作者提供了很多方便，比如使用模板，比如开设了很多视频剪辑的课程。在这里建议如果要长期从事抖音短视频制作者的工作，那么专业的剪辑能力学习是十分有必要的，不能单单套用模板了事。

第四步：编辑发布

这一步最关键的是封面和标题。如同定位对整个项目的重要性，封面和标题对一条视频也至关重要。标题中的某些关键词会成为抖音对视频分类的标准，而好的封面会给观看者最直观的第一印象。发布也可以@一些话题，起到联动和跟上某些热门潮流的作用。如果有商品橱窗分享功能，如何做标签，以促进销售也都需要思考。

发布的平台也可以合理布局，让视频有更强的针对性和更加广泛的推广。

第五步：运营管理

目前点赞、评论、转发、完播率对抖音来说也是非常重要的数据，尤其是评论，对于和粉丝之间的黏性至关重要。从评论中可以知道观看者关注的点在哪里，以及对这条视频或者整个号最直接的意见，与受众互动，是除了视频本身之外，最好的一种固粉和吸粉手段。

播放量和点赞数是也十分关键的数据。可以横向和自己发布的所有视频对比，找出为什么某一条点赞量更高，在之后复制，而不成功的也可以成功避雷，同时也可以纵向和类似的视频号对比，看看自己与别人的差距在哪里，优点在哪里。

第六步：数据统计总结和修正

大家都知道抖音是基于算法，那么运营抖音，数据的统计也就十分重要。可以按照单日的数据总结，也可以定期按照周、月、季度总结，从数据中得出粉丝喜欢的点和讨厌的点，从而进一步修正视频内容，进行合理的修正。

三、团队的搭建与管理

1. 一个人也是一个团队

一般来说，这样的团队也是抖音常见的一种形式，优点是最简单，不会出现沟通障碍和时间延误，缺点是也一样会经过同样的流程和同样的工作，很辛苦，而且有时候还会出现自己无法做出客观评价和审核的情况。

建议一个人的更新频率不要太高，坚持内容的品质输出为上，并且一定要持之以恒，不能没有长性，且风格等依旧要稳定、不能轻易改变，实在要转换风格也可以重新开号，不能一个号之下什么都做，除非是同一个领域的，区别不大的，比如一直做萌宠，虽然拍摄手法越来越精进，但是基本的片头片尾视频拍摄过程都是差不多的。

2. 2~3 或者 3~5 人小团队搭建与管理

这是最常见的一种团队，一般来说 2~3 人团队分为脚本创作、拍摄剪辑和审核三个岗位最为合理；3~5 人就可以按照以上工作步骤分开，比较容易合并的步骤是拍摄和剪辑。审核岗位至关重要，严格按照内容工作流程，完成一个流程再进入下一个有利于权责分开，在最后环节，召集所有团队成员对数据分析结果进行剖析，并且就各自的工作进行相应改进，促进团队合作，这样处理也是很有益的。一般来说 2~3 人或者 3~5 人的小团队，每天编辑的视频可以有 2~3 条较为成熟的，当然也可以根据实际需要扩大团队人群，但是岗位的分布是类似的，考核的方法也是。

3. 外包团队的选择与管理

选择专业的外包团队也是很有效的团队组建方法，这时候，审核权至关重要，在一开始确定好基本的定位后，广泛考察外包团队，看看他们替其他人制作的视频号的运营情况，并请他们就自己运营的产品提出针对性的方案，并且制定完整的工作流程，一定要考虑到未来变现和销售的环节。

然后制定审核制度和管理制度，发布权也可以把握在自己手里，可以整体打包也可以根据数据给予一定的奖励或者惩罚，也不失为一个有效的团队管理方法。

第五节　抖音爆款内容的入门需知

——四大要素和十大捷径

有了选题定位和策划的执行纲领，是不是还感觉对如何打造爆款内容有些迷惘？那么本节将为你解答这个疑惑，想要打造爆款内容，必须符合以下的要素和细节。

一、抖音爆款内容的四大要素

1. 热门

热门可以是多种多样的，比如节日、社会热点、明星、目前的热门关键词等等，都可以列入热门的内容。除非一开始抱定自己创造一个风格，不希望快速涨粉，只希望深耕细作的风格，热门都是抖音爆款的第一要素。

一开始就做冷僻选题，除非是故意和热门对立的另一种形式地跟随热门，否则都不容易打造出爆款内容。

如何知道哪些内容在抖音是热门呢?

一来可以在抖音 APP 上打开首页右上角的搜索按钮（放大镜）就会出现抖音热榜、抖音明星榜、抖音直播榜、抖音音乐榜和抖音品牌榜。

点开抖音热点榜下方的“查看完整榜单”除了能看到完整的 50 个热点内容，还能看到实时上升的热点，以及前 50 位的抖音娱乐榜、社会帮和同城榜。

全部看完这些榜单，一定能发现一些可以与自己内容结合的热点，不管是什么，都可以适当的引入，并且在发布视频做标签的时候想办法贴上这样的热点。

抖音是按算法推荐的，有相应的标签，就更容易被更多的人看到。

第二个方法是除了抖音的热榜，不妨也关注下所有媒体以及 APP 的热榜，知道人们所思所想的热门是什么，比如热播影视剧引起的争论、热门的体育赛事、综艺节目、节日热点、高考等热门时段、生活中突发的热门新闻事件等等，都可以把自己的内容合理的融入进去，也符合抖音视频接地气、与人们生活息息相关的特点。

就算是讲述冷僻的专业知识，比如罗翔老师讲刑法，也一样采用了和社会热点相结合的方法，上热门的脱口秀节目，才能让自己被大多数人看见。

做视频结合热门，在营销学上叫“借势营销”值得提倡，不需避讳，能让自己的视频被更多人看见才有机会宣传自己的内容。成为爆款，才是第一要务。

但是值得注意的是，热门也需要区分，一些突发的热点值得关注，但是不要参与一些违法的或者故意哗众取宠、标新立异到违反法律的热点，一定要在合理合法的范围内将自己的内容与热点结合。

2. 幽默

结合前面的抖音头部用户分析，我们知道，幽默搞笑是抖音目前占比40%的娱乐才艺以及情景类剧场的灵魂。在最长几分钟最短十几秒的视频中，幽默是一个很重要的要素。

观看抖音的人大多带着极强的娱乐、放松的目的。如果够幽默搞笑，吸粉的可能性会很大。

就算本身选定的内容比较严肃，一样可以用一些幽默一点的形式来表现，至少可以先打造几条爆款的带有幽默搞笑内容的视频来实现吸粉的目的，然后再用自己的内容去固粉。

千万注意，幽默搞笑的格调可以接地气，但不可太低，流于庸俗无聊不但会被抖音官方屏蔽，还可能引发反感。

而带有一定人文关怀内容的幽默视频往往很容易引发好感，得到点赞。比如一些快递小哥、清洁工人热爱生活幽默搞笑的内容往往就很容易得到人们的认可。

宣扬正能量同时能和日常生活紧密结合，给大家带来欢笑的视频是很容易得到最广泛受众的好感的。

3. 互动性强

一本正经的自说自话是过去传统媒体的作风，在新媒体时代，尤其在抖音时代，互动性是非常值得注意的要素。

抖音曾经推出的“合拍”就是典型的例证，很多明星都用这个办法来吸粉，引发了大家合照的风潮。

就算没有明星这样的影响力，也可以多注意抖音推出的小道具等，注意热门道具等，和受众同步。

同时，也一定要注意自己的原创性，并且制作属于自己的一些有趣的道具也不失为一个好的互动方法。一旦流行，就会大量吸粉。

抖音的“挑战”也是可以参与的，关注同一挑战的人也可能会因为你的参与而成为粉丝。

坚持原创的同时，务必注意互动，评论也要及时与粉丝互动，同样也是打造爆款内容的一大要素。

4. 共情

每个内容在定位的时候，都要清楚地知道自己将来主要的受众群体是谁，比如游戏、二次元等大部分的受众就是“90后”和“00后”，这些年轻人最关心的话题是什么？他们可能面对的困难是什么？什么能引起他们最大的共情？都是在拟定视频内容时需要充分考虑的。

而对于“70后”“80后”，他们又需要什么样的共情？也是需要考虑的因素，所谓夏虫不可语冰，不能站在空中楼阁，自说自话。

能理解共情，是视频制作者对观看者最大的尊重，也是打造爆款视频的重要要素。

二、抖音爆款内容的十大捷径

1. 内容标题学习新闻，完整的说清一件事

纵观抖音热榜例如“女子被骗22万用网恋将骗子骗回国”“公开表白是道德绑架吗”，所有的标题都类似新闻标题，十分清楚地说明了一件事，要直指主题。一般来说，标题不要太长，十个字以内最合宜，实在要超过，也要一语中的，不要云山雾绕，说半天说不到重点，这样会被抖音分类直接PASS，也很不容易登上热榜。

有些人不知道怎么做标题，其实也十分简单，就是把你要说的事情从一百句话缩成十句，再从中找到你觉得最吸引人去看的那句。可以是内容重点也可以是非常容易引起瞩目的次重点。

首先要有人点开看你的视频才是第一步的。但是也切忌完全沦为标题

党，最终一定要把你的标题和内容结合回来。

2. 记住内容短比长强

虽然抖音的内容现在已经可以拍摄几分钟的段子了，引入西瓜视频后还可以更长，但是抖音的主要受众已经习惯了 15 秒或 1 分多钟的视频。且不说太长的内容本身制作就需要花费更多的心血，在观看中被划走的可能性也会大大多于短的视频，要知道抖音的定位就是“短”视频，而不是类似其他爱奇艺、腾讯等的长视频。

所以一定要注意，内容短一般来说比长强。短小精炼的视频更容易让观众看完，且觉得点开看也不浪费什么时间，容易被接受。

3. 内容一定上来就要看的懂

抖音的特色就是和人们的生活息息相关，接地气是很重要的特点。即使是文化历史知识类的视频，也要注意这一点。如果开口说的全是一般大众很难接受的晦涩语言以及生僻字又或者复杂的看不懂的内容，大部分不懂的人都会划走，即使后面再精彩，看的人也不会停留。

即使是悬疑类的情节也是如此，悬疑类开始看不懂是长视频和电影电视可以允许的，但是短视频因为时长的限制，如果让人完全不明白，即使后面很精彩也没有用。

可以用抛出问题的方法来让人明白，也可以用之前的标题设定来做到这一点。

4. 内容前三秒就要有高潮

短视频最常见的一般只有 15 秒，所以必须按照秒数倒推内容，如果在最开始三秒抓不住观众，也就可能被放弃，所以在设定上必须注意这一点，用冲击性的音乐也好，用漂亮的独特的画面也好，用标题也好，请务必记住要把视频的前三秒当成重中之重，一开始就让人有记忆点。这里也可以引入一些稍有争论性的话题，哪怕是一个“千百年永恒的话题”比如婆媳矛盾、母女不理解、情侣看手机等等老到不能再老的话题，但是依旧会因其争议性受到关注，而对社会热点，比如老人倒地要不要扶等，也可以引发很迅速的关注。

以上是举例，针对自己的抖音号，也可以提出一些有趣的点，比如龙门石窟里一尊比着剪刀手的佛像，被称为网红比 YES 佛等，都可以作为内容前三秒的设定而抓住受众。

5. 内容要做爆梗连环炸弹

有一种说法是抖音 15 秒，必须五秒一个小梗，十秒一个大梗，最后一个爆梗。

这是一种理想的结构，因为前面已经分析过，抖音上比较受欢迎的内容都是幽默搞笑类的，所以成为爆梗王也是抖音爆款视频的主要途径。

大多数看抖音的人都是为了抵抗生活中的负能量以及平淡消沉，所以这样一个连环爆梗炸弹是能得到大多数人的支持的。

但是请务必留意梗可以用，但是一定不要流于低俗以及犯禁的内容，而梗最好符合正能量的内容，才更容易让人看完后点赞。

6. 反转是个好办法

目前，反转也是长视频、电影、电视的一个趋势，而这个设定其实特别适合短视频，因为反转会特别容易的给人创造记忆点。比爆梗连环结构更好的就是爆梗+反转。能让人笑是很容易的，能让人笑了又哭，或者笑了又思考，就不容易了。而后者会更容易的吸粉和固粉。

即使反转成为一种长期使用的套路，受众也会比看一条平淡到底的视频更有兴趣。

反转可以设计在视频的开始，比如人设的互换，也可以设计在视频中间，比如观众已经知道真相，可是里面的人物还被蒙在鼓里，带着点悬疑、期待的情节，永远比不需要动脑筋的情节更吸引人。爆梗+结尾反转也是非常经典的抖音爆款内容结构，可以多观察很多大 V 的视频，也都是这样的结构。

7. 蒙太奇剪辑内容设计

一镜到底是很多抖音新手最长采用的方法，而其实因为一镜到底一定会拍到空镜、废镜，是很不容易抓住观众的。

所以蒙太奇的剪辑也是必须在内容设计阶段就想好的，“A few moments later”这个画面相信大家都不陌生，其实这就是最基础的蒙太奇剪辑的转换。

把每个镜头都充分地利用起来，利用剪辑的蒙太奇手法让大家变换情景，并且因之有所期待，是最根本的。

当然更复杂的表现形式还有很多，但是蒙太奇剪辑是很有效的爆款内容打造捷径。

8. 内容让人产生共情

前面已经说过，抖音视频幽默搞笑是非常重要的组成部分，但是就像炒菜复合味会好吃过纯粹的甜，加上其他互动情绪的视频比单纯的搞笑，又要更上层楼，这里就一定要学会利用共情来做到。比如很多收养流浪动物的视频都会引起动物爱好者的共情，并且会一直追更。再比如一些很正能量的事情，比如帮助残疾人或者对老弱妇孺的照顾礼让，都会让人很喜欢这样的视频，并且点赞和关注。

9. 内容"爽"也是一大法宝

很多人都说网上的人是键盘侠，其实在平凡生活中，每个普通人也都有锄强扶弱、匡扶正义的梦想，这样的视频内容也是会广泛受到欢迎的。

而让人感觉"爽"的视频还远远不止这些，比如，如何一眼看穿一些虚伪的表象，如何在别人怕惹事的时候如何巧妙地戳穿对方的诡计，"爽"的视频其实也是一种更高维度的共情。

这种视频可以不需要非常严密的逻辑，而是要体现某一种大家都认可的核心价值，并且给人支招如何面对生活中的虚伪、丑恶，提倡生活中的真诚、善良，往往也会得到很高的关注。

10. Ending（结尾）留下互动缺口

很多人都认为一个十五秒的短视频要表现以上这些品质太难了，其实大家都忽略了一个问题，就是你不用只做一期，内容可以不是特别完整，甚至还可以故意不完整。在 Ending 留下互动缺口，让观众在评论区给予互动，这样你还可以根据观众的意见及时调整未来视频的方向，而留有期待、悬念的视频更容易成为爆款。

■ 第六节　爆款内容入门方法

——VLOG 法、小剧场演绎法、创意挑战法、方言地方文化法

抖音视频的内容想成为爆款，除了以上的要素和捷径外，还需要一些基本的方法。

本节将重点为大家来阐述几个最基本的爆款内容入门方法。

一、VLOG 法

抖音创立之初，其社交媒体功能还不太被重视，大家上抖音大部分都是为了看短视频，而很少分享自己的生活。

而抖音近几年十分鼓励大家重视抖音的社交媒体功能，所以在登录抖音之初，都会鼓励你添加你的好友。目前抖音首页也专门有“朋友”版块，鼓励大家互相交流。

VLOG 是视频化的网络日志，是进入抖音短视频最简单最初级的方法，也是下一个抖音内容的风口。尤其是一些对自己比较有自信的视频制作者，有一些才艺可以表现或者本身就有一定的粉丝基数的制作者，这个方法就更加适用。

欧阳娜娜就是 VLOG 视频的佼佼者，她记录日常生活，或者只是单纯用抖音道具来拍摄唱歌视频等，都获得了不俗的成绩。

很多探店、测评、时尚博主也可以用这种方式快速进入抖音。这种方法的优点是定位是天生的，人设也是，而题材可以就是自己的日常，广泛且可以保证更新频率和内容，不容易成为断档。

同时因为抖音提倡社交功能，VLOG 很有可能成为抖音的下一个内容风口，而朋友等天然粉丝的存在也让第一批粉丝基本上是唾手可得。朋友

互相推荐“一起看”也可以实现第二轮的吸粉。

而且这样的视频拍摄，主角可以只是一个人，拍摄手段也可以比较简单，成为稳定涨粉的一个最基本的方法，值得推荐。

VLOG 成为爆款的秘诀在于——和其他社交媒体的互动。类似之前说的打造网红小姐姐的基本方法。

利用自己的天然人设先框定内容的类别，贴好标签；其次，利用差异化给自己打造独特的人设和记忆点；最后再联动其他社交媒体平台，比如微信朋友圈、公众号、微博等，引流进入抖音。

还可以利用生动的拍摄技巧等，给自己打造固定且可以提升的形象。请不要误会 VLOG 只是单纯的“网红”，其实很多大学教授、专业人士一样可以利用 VLOG 的方式来打造自己的爆款内容。

比如一个知名大学教授可以把自己的课程精华部分拆分成抖音短视频，因为课程的连贯和系统性，会一直有内容更新。因其课程的可探讨互动也可以和有需要的受众进行互动，最关键的是，可以把自己的内容做得生动幽默，方便更多的人看得懂。这样的联动就是十分成功的。

而不止这样专业的内容，比如有些视频制作者特别会找好吃的，就可以利用自己找吃的这样的探店视频，分享美食，餐厅、甚至路边摊等，拥有稳定的观众。

旅游类博主也大多使用 VLOG 来进入短视频制作领域，可以把途中的风景、攻略、酒店等与大家分享，一样具有爆款内容的潜质。

VLOG 的优点是，内容模板相对固定，比如前三秒的封面和主题，后面的主要内容以及固定的 Endding。偶尔还可以插播生活中很有趣的瞬间，只要人设立得住，VLOG 视频的观众是不会轻易脱粉的。

二、小剧场演绎法

这种视频其实是抖音目前最爆的内容。不管是陈翔六点半、祝晓晗还是广东夫妇，还有一直很火的七舅脑爷和赵兮雪，都是这个类型的。

这个类型最近比较多的还有精分小剧场，比如多余和毛毛姐，就是一人分饰多角。

但是一般来说，这种视频的主要人设就是两个人，至多有其他一些次要人设出现，其内容往往就是日常生活会发生的情景，反应的多为每个人生活中都会遇到的一些情感、家庭问题。

这种选题的可持久性也非常强，因为日常生活是每天都要继续的，而日常生活中的笑点、泪点也会层出不穷，很容易引起人们的共鸣。

而这种方法也可以反映社会热点等。

但是这类视频实在太多了，如何突出重围，树立自己的独特风格，是值得思索的。

优点是人设固定，拍摄简单，内容规划也一般形成规律和套路。

这类视频成为爆款的关键点是要学会制造笑点和争议点。

如果这类视频不好笑，首先就会失去一大半的观众，至少也是让人能会心一笑的，如果爆梗集中就更好了。因为大部分观看这类视频的人都是来寻求轻松快乐的，绝不希望看到的是平淡的内容。

这类视频的第二个关键点就是一定要在一开始就有一定的争议点，比如类似的情侣之间能不能互看手机、伴侣和前任联系怎么办？吵架了是谁先提出和好？过年回家到底回婆家还是娘家过？这样每个受众都可能经历过的事情，也就具有了天然的吸引力，而如果能提出一个轻松幽默又不失合理的方法，也就会黏住粉丝，成为爆款了。

三、创意挑战法

这一类的视频在国外的 TIKTOK 上最受欢迎，比如各种懒人大法，比如和宠物的各种互动都会让这类视频迅速成为爆款，这主要是因为它的形式可复制且容易创造话题。

抖音官方也比较鼓励类似的创意方法，生活中其实点点滴滴皆为创意，包括生活方式，这种视频往往十分简单，就是爷爷奶奶等见到孙子，或者外地的女儿儿子忽然出现在父母面前，往往十分能戳中人心。

疫情期间，如何度过宅家生活也可以属于这一类的视频，比如坐在自家鱼缸钓鱼，客厅的桌子变成乒乓球台，对着对面楼跳舞，或者带着口罩把头伸出去唱歌、扔垃圾顺便练个功等都让这类视频成为爆款。

抓住生活中的每个细节，创造有趣的创意点，让人模仿，也是非常容易打造爆款的。

四、方言、地方特色法

抖音对这一类的题材是有所扶植的，比如城市名片和非遗文化的传承视频等，都进入了抖音的年度大数据，而且同城版块尤其欢迎这种视频，对于探店等需要在同城完成的也会很有市场。

方言视频在抖音中是十分受欢迎的，有人说过抖音热门视频制作者中，东北人占了半边天，这和东北人天生段子手的天性是分不开的，把日常生活讲述成段子，展现东北的民间文化等都十分受欢迎。

川渝一带的方言也是如此，之前山东曹县的一段精彩的表演让曹县这个地名成为热搜。

根据之前的抖音大数据分析，抖音目前希望承载的功能早就从单纯的娱乐搞笑变成社交媒体、电商平台，乃至城市名片等，对于城市品牌方面，这样需要深耕但是极具生命力的视频内容，抖音也是扶植并重视的。

所以这一类视频在未来具有长足的发展潜力，将各个城市的文化，甚至各个县城的文化、独特的美食、景点推广出去，抖音一直持续在发力。

所以这一类视频只要真的有深厚的底蕴和长久的生命力，是可以在将来成为抖音爆款，甚至引领风潮的。

只要注意在制作内容的时候，把一些爆款内容的元素合理引进，并且坚持自己的基本内容输出标准，这一类的视频成为爆款也是可以期待的。

第三章 试 拍

有了对抖音内容的基本设定之后，接下来就是正式开始试拍了，如何将文字化的内容视频化是迎接很多抖音小白的一个门槛，本章将指导大家如何从小白变成专业的视频制作者。

■ 第一节 抖音基本版块和初步设定

——抖音基本版块和非常需要关注的创作者服务中心（或者企业服务中心）版块以及如何设定头像、简介和名字

要拍摄抖音视频首先需要了解抖音的基本版块和非常需要注意的创作者服务中心版块，然后就是设定自己的抖音账号了。本节将针对零基础的制作者来讲述这两点。

一、抖音版块功能了解

（一）首页版块：首页（同城、推荐、关注）、直播、搜索、热榜、朋友、消息、我

打开抖音首先看到的就是首页版块，不用注册也可以浏览。我们按照具体版块来加以简单说明。

1. 首页：点击首页，屏幕的上方正中就会出现同城、关注和推荐三个版块

一般来说，如果在抖音 APP 设置的时候打开了定位，就会准确定位在用户所在的城市，打开同城后，会发现周围具体有公里数的一些视频，往往是同城热点。

关注就是用户在选择了自己喜欢观看的视频制作者账号并关注后看见的内容。

推荐版块一般来说都是抖音热榜为主，然后抖音会根据算法，你浏览的记录和点赞等为你推荐相关视频。

2. 直播、搜索以及热榜

首页的左上角有一个直播的标志，点击进去就可以看到正在进行的直播。

右上角的放大镜标志就是搜索，抖音的搜索数据目前是大数据报告中第二重要的数据，点击进去，下方还有抖音的猜你喜欢，而再往下还有抖音的热榜，分为抖音热榜、明星榜、直播榜、音乐榜和品牌榜。每个榜单都涵盖了前 50 位的视频合集，点击页面最底端的查看完整热榜，在新的页面还能看到每个视频合集下的所有视频以及实时上升的热点。

3. 在首页的底端，除了首页版块，还有朋友、消息和我

朋友版块是抖音近几年新增的版块，是为了提升抖音的社交功能，可以在最开始设定的时候，把通讯录或者微信好友等的抖音号引入，然后直接看到他们上传的视频。

消息包括抖音小助手、创作小助手、粉丝、互动消息以及右上角的创建群聊，群聊可以互相关注的好友拉进群里。

（二）右下角“我”版块：名字、抖音号、简介、获赞、关注、粉丝、作品、私密、喜欢

这个版块其实就是个人主页。在账号设置中至关重要，几乎所有的版块都是和个人上传视频有关，只有喜欢是自己点过赞的别人的作品。

（三）“我”版块下左上角“三”版块：我的订单、钱包、收藏、动态、创作者服务中心、功能、抖音公益、未成年保护工具、我的客服、设

置和浏览设置等

这个版块旁边有一个手指的标志，版块的功能和抖音商城关系较大，尤其是我的订单、钱包等，可以在订单里查看自己购买的东西交易状态和物流状态。

我的收藏里有视频、音乐、道具、商品、合集、地点等子合集。

我的动态里包括自己转发的视频等，创作者服务中心十分关键，在下一点单独说明，功能包含了头条系的今日头条、西瓜视频等；抖音公益是抖音发起的公益项目，未成年人保护工具分为时间锁、青少年模式、亲子平台等，可以根据需要打开。我的客服就是和抖音官方联系的方法，其中自助服务有安全中心、账号找回、账号状态监测以及社区维护中心等。

（四）特别需要注意创作者服务中心（或企业服务中心）版块

这一块虽然属于个人主页的子集，但是其实是很重要的版块，很多小白都会忽略。而成熟的创作者就会经常打开这个版块，里面有了解视频数据、分析作品热度、检测实时数据等。

下面的创作者学院有很多针对性的指导，在这里有抖音最新最热的课程，平台政策课程，平台功能介绍、创作者变现课程、内容创作升级、品类内容进阶等。其中最新最热的包括抖音最新的审核规则、变现为王、电商内容宝典、直播规范等；而平台政策课程包括账号封禁规则、品类审核规则、平台常见谣言、侵权投诉指南、抖音推荐规则等。

平台功能介绍包括服务与反馈，常见功能介绍等。

最有用的创作者变现课包括星图攻略、电商攻略、直播变现攻略以及全民人物。

针对创作小白最有用的内容创作升级包括内容创作指导、内容运营指南、账号运营攻略、直播运用攻略四大板块，里面的视频请到了七舅脑爷等大 V 以自己的实际经验给后来者指点，十分有用。

品类内容进阶包括了知识品类、生活品类、游戏品类、娱乐品类、正能量和美食品类的具体内容指导，非常有用。

在从内容转化为视频之前，认真把创作者学院的视频看一遍是非常有帮助的。

而除了创作者学院，下面的任务中心、变现能力、通用能力也非常重要。

任务中心有抖音鼓励的各种任务，可以参与，瓜分奖励。

而变现能力包括商品橱窗、全民任务和开通小店、带货团购等。特别需要说明的是，抖音因为鼓励电商交易，门槛低过很多电商平台，作为企业号零粉丝也是可以开通小店的。

通用能力包括了很重要的开通直播，目前抖音规定粉丝数大于等于1000 就可以申请权限开通。

DOU+上热门也在这个通用能力的版块里，这是帮助视频上热门的一个重要途径，剩下的视频管理、免费开企业号、官方认证、我的线下门店、账号状态监测也都在这个版块里。

这个版块一旦注册了企业号，就会成为企业服务中心，里面会有涨流量——短视频直播管理，促营收——变现工具及管理，学经验——学习企业号运营，主播中心、消息管理等，对企业也是十分有用的版块。企业可以快速地在这里查到自己的数据，并且管理自己的交易过程，以及学习经验，通过 DOU+或者巨量引擎 FEED 精准付费购买流量促进销售等。

二、如何设定头像、简介和名字

了解了抖音的基本版块设定，第一步就是注册登录自己的账号了，而这里最需注意的就是设定自己的头像、简介和名字。

很多人很随意地就决定了这一步，这对于只打算看抖音视频，或者只打算当抖音是个人和朋友的小范围交流工具的人，当然没有问题。可是对于希望成为达人的短视频小白，却是非常重要的。

1. 如何设定头像

记住几个法则很重要，首先不要用暗色的头像，因为这样的头像会让人有被封禁、处罚等不好的怀疑，而且容易被人遗忘。

其次，因为前面内容定位以及内容大致的准备流程，在这一步，你已经十分清楚自己的内容类目是什么了，头像要与类目相符是十分重要的，比如你是时尚类制作者，那么你的主要模特或者出镜人就要在头像上显示；如果你是萌宠类制作者，你的萌宠就应该成为头像；类目这一点一定不能搞乱，不能因为你是个爱猫猫的小姐姐就把自己的时尚号挂上猫猫的头像，你必须了解的是，很多人会忘记你的名字，或者关注的人太多，只能通过头像找回你。

最后，请务必记得头像的尺寸很小，内容不可以过杂，比如内容复杂的风景画等等，一来不会有人看得清，其次这样随便的头像很多，很可能被人们所忽略。用 LOGO 是个不错的方法，比如毒舌电影的头像就是黄底黑字一个很 Q 的毒字，这种直击人心的画面更容易被人记住。

如果是企业，正方形的头像会比较适合。

2. 如何设定简介

抖音并没有太限制简介的长度，有些人的简介就写得非常长，这种做法其实是不可取的，简介之“简”很重要。

用提纲挈领的话来为自己的总体内容定位做一个介绍是非常重要的。

数字是个不错的办法，人们对于 1234 这样的条目都有忍不住看完的冲动，而在这样的简介之前，把自己的定位和头像名字结合的最关键点用简单的五个字、七个字挂在嘴前面也是不错的方法。

3. 如何设定名字

中国人对自己的名字是十分重视的，新生儿的名字甚至有专门的机构帮忙取。而一个新的账号就相当于一个新生儿。

抖音账号取名务必需要注意的是第一不要用生僻字，没有人记得和念得出的名字就是最糟糕的名字。务必要使用一般人都能读得出的字。

其次，要有个性，不能像取名字一样，而是要起一个和本身内容有关又比较有记忆点的名字。

另外要易于传播，可以选取一些热词改造，或者与影视人物名称不相同又具有同质感的都是不错的。比如“七舅脑爷”就是改造自电视剧《武林外传》的七舅姥爷，很容易被人记住。

最后，请务必记得，这名字的调性一定要和你的选题定位、内容核心有关，能概括出自己的内容就再好不过，比如毒舌电影，就非常清晰地定位了自己的类目和风格。

头像、简介和名字都是可以更换的，但是每一次更换就等于把之前自己的努力全部浪费了，因为粉丝就会不再记得你，所以一开始就起好名字，挂好头像和简介最好，不要轻易更换。

■ 第二节　抖音拍摄的初期准备

——选择拍摄工具和拍摄剪辑软件

工欲善其事，必先利其器，一般来说，抖音短视频的拍摄可以用很多工具来完成，但是该如何选择呢？就算是用手机简单地完成，那么有哪些一开始就可以运用的拍摄剪辑软件可以给予我们帮助呢？本节就来为大家解答这个问题。

一、选择拍摄工具

一般来说，拍摄抖音短视频可以选择的拍摄工具有：手机、带摄像功能的照相机和专业摄像机、航拍器、电脑等几类。

1. 手机

目前，市面上绝大多数的手机都可以拍摄抖音短视频并及时上传，手机也是目前大家使用最多的拍摄工具。

手机的优势是可以随时拿起来拍摄，十分方便，而且很多拍摄剪辑APP也可直接在手机端运用，所以建议初次拍摄抖音的初学者不用购买太多专业设备，就用手机来拍摄即可。

选择手机拍摄的要点是一定要注意手机拍摄的清晰度，不能选择太模糊的画面，一般来说，1080P以上的高清摄像更适合发送抖音短视频。另外手机基本的录音麦克风功能要能收录到清晰的声音，手机也可以安装最起码的剪辑软件，留够足够的内存。

目前市面上一般的智能手机都具有以上的功能，很多手机也都针对自己的品牌有一些摄影拍摄课程可以在网上和线下商店学习。利用本身的拍摄功能和抖音拍摄都是可以的。

手机拍摄大多数类目的视频都是没有问题的。

2. 带摄像功能的照相机

很多专业的相机例如单反等都具有摄影功能，这类的拍摄工具很适合拍摄定点的自然景物的变化，对于拍摄动植物、风景等都十分合适，因为这一类的照相机可以很好的定位，使用延时摄影等拍摄会有极好的效果。而会使用这类照相机的拍摄者一般都有比较专业的构图能力，也可以拍摄出“大片”，再通过手机上传至抖音，获得良好的效果。

选择自然景物、旅游、博物馆展品等特别需要大片感类目的视频可以选择这类拍摄工具。

3. 专业摄像机

一般来说，抖音用这一类的摄像机都有点大材小用了，但是就如可以用手机拍摄出电影，用专业的器材拍摄抖音也有不同的效果。对于一些类似微电影的拍摄，专业摄像机的画质和收音都是最好的，想拍摄出有电影质感的项目，比如一些专业的广告等，也可以采用这类器材。

4. 航拍器

这是目前抖音最 IN 的潮拍神器。不但被运用在风景拍摄上，得到完全不一样的角度，而且很多好玩有创意的还把航拍器运用于街拍、时尚以及很多商品推广、演艺现场的拍摄。

要特别注意的是，在使用这类设备的时候一定要避开例如机场等管制空域，在拍摄例如石窟艺术等的景点时也需要符合景区的管理规定，不能为了追求特别的镜头而破坏相关法律法规的规定。

5. 电脑

游戏、二次元等视频往往要用电脑录屏，还有一些手机拍摄的视频等也需要用电脑来重新剪辑和进行配音配制等。

当然，在所有的器材中，首先和主要建议大家使用自己的手机，即使是将来直播，用手机也可以完成。不用胡乱购买太多高大上的设备，除非有实际需要。

手机的优点还有可以立刻运用一些 APP 进行后期的剪辑制作。同时也可以在摄像头、抖音本身软件之外找到一些有特殊功能的软件来进行拍摄。

二、几款入门的抖音拍摄剪辑软件

1. FACEU

这个 APP 最主要的特点是可以直接进行简单的拍摄，在拍摄之前就可以选择一些特效，美颜等都可以进行提前设置，而且对画面的优化也做得不错。

其拍摄功能比较强大，比直接用手机摄像头或者用抖音来拍摄选择更多，效果更好，属于专业的视频拍摄软件。

所以很推荐新手使用。

拍摄完成后可以直接在抖音的素材端使用，还可以进一步用抖音的一些功能进行优化，是很适合的拍摄软件。但请注意不要出现水印，否则抖音平台会予以管控。

2. 剪映

这是与抖音直接打通的一款非常实用的视频剪辑软件，使用较为简单，功能强大，视频剪辑、拼接、转场、配乐都可以进行操作。因其与抖音的合作可以直接和抖音联通进行音乐添加等功能，足以满足抖音短视频制作的基本要求。

一般人对于剪辑都是一窍不通的，而剪映这个软件很好地解决了小白们的剪辑要求，本书后续会用专门的内容来教大家使用剪映来进行视频关键的剪辑部分，达到基本的专业水准。

3. VUE

与剪映类似的视频软件，其中 VUE 小课堂十分适用，对完全不懂的视频制作者，可以进行很好的初级学习。这款软件不但可以剪辑，也可以进行拍摄，如果想拍摄有专业感的镜头，如何利用道具实现蒙太奇转场、秒换衣或者瞬间移动等抖音热门视频场景，VUE 里面都有专门的课程讲述，而且所有的课程都是免费的。

VUE 还有一些比较有趣的模板，可以直接套用，上手快、教程简单易操作都是它的优点，音乐也可以引用抖音的音乐，选择面也比较大。

但是请注意，务必要去掉 VUE 的水印等，抖音对含有别的平台水印的视频都会予以限流或者封禁。

4. 美颜、轻颜相机等

这两个 APP 最强大的地方就是美颜功能，很多女性都很喜欢用这两个 APP。而现在她们的视频拍摄功能也被启用了，不超过三分钟的视频都可以拍摄，这对于一些喜欢美妆、时尚的人来说，是很适合的软件。

同样地，水印也要去掉。

5. 电脑端的 Adobo 系列与 FCP 软件

电脑端的 Adobp 类软件是每个制作画面的人都用过的，这一系列比较常用的是 PR、FCP、AE、AU、PS 等几款软件。其中 PS（Photoshop）因其广大的影响力已经成为“修图”的代名词，而 PS 最常用于抖音视频里制作封面、字幕、特效图片等，PR 和 FCP 可以进行全方面的视频剪辑，甚至很多专业的视频制作者也是使用它们来处理视频。

电脑端的这些软件相对手机 APP 比较复杂，可是其专业程度和细节也比手机 APP 更高一个层次，组合插件较为方便，达到专业剪辑效果，同时还可以进行一些简单的校色，让视频的风格化更突出。

AE 是一个合成特效软件，对于一些有特殊要求的，比如抠图、特效、面部重塑等，都可以很容易地完成，AE 也被称为视频界的 PS。

AU 是个简单的音频处理软件，可以对声音进行处理，实现多轨混音等。

电脑端的这些软件建议大家也可以在熟练掌握手机拍摄剪辑后进行进阶学习，毕竟要想做得更好就要更专业，这是亘古不变的道理。将自己的短视频拍出风格，拍出个性，拍成爆款。

工具软件合适比专业更重要，而内容以及拍摄的有趣比昂贵的设备也更重要，作为小白视频制作者，要知道有很多抖音大 V 都是用一台手机拍出了点击量过千万的视频。现代手机也可以有电影一样的质感，先拍摄，合适的才是最好的。

■ 第三节 新手第一条视频指南

——如何设置视频的画面构图、质感与背景音乐、字幕

新手如何拍摄第一条视频呢？其实平时大家都会拍摄视频，也基本都会加上音乐和字幕，可是随意拍摄的视频往往品质一般，不会吸引住观众。

本节将教给大家一些最基本的方法来让视频的画面构图、质感、背景音乐和字幕有专业的效果。

一、如何设置视频的画面构图

1. 三分法构图

这是最常见的一种构图，简单地说就是把画面分成上中下或者左中右三个部分，有意识地把主要的拍摄对象放到三分之一或者三分之二的位置，举例说明比如拍天空，如果纯粹是天就会没有对比度，拍摄三分之一的地面景物就会很好看。

2. 九宫格帮助构图

这也是最常见的一种构图，将手机拍摄的九宫格辅助打开，我们会发现类似一个“井”字，将拍摄的主要对象放到最中间的四个交叉点（井字中心的口的四个点）上，往往会起到不错的效果。

3. 中心点构图

这种构图没有前两种常见，但是是最能凸显拍摄主题的，具有很强的

视觉冲击力，构图十分简单，容易让人记住，直接突出拍摄主体的特点，作为视频的开始画面是不错的。

4. 黄金分割构图

黄金分割点等于视频内框的长框与短框的比值达到 0.618 的这个点，这个点被称为最具美感的点。

一般来说可以把取景框的对角线作为黄金分割的起始线，将垂直线与之黄金分割点的焦点作为取景点即可实现。

5. 景深法构图

所谓景深构图就是除了拍摄对象是清晰的，其他背景都是相对模糊的，这样能打造一种周围朦胧，唯独拍摄对象是清晰的戏剧和焦点效果。很多手机只要点中拍摄对象即刻选择这样的构图。

6. 光线构图

找到拍摄点后，利用光线构图也是不错的方法，不管是顺光、逆光、顶光、侧光，都可以起到烘托氛围，突出拍摄对象的效果，可以多加练习，并且利用光线造成的阴影、剪影等找到特有的效果和风格。

7. 仰拍法构图

很多人都看过小猫咪偷零食被平放的摄像头拍到的可爱视频，这就是仰拍法，仰拍法还可以用于拍摄都市夜景，以及有趣的自拍视角。

8. 线条连贯法构图

这种构图特别适合拍摄比如道路、桥梁等有连贯线条的场景，可以按照一条边来推进，也可以选择相邻的两条边来推进，可以有连续性和持续的动感。

二、如何保证视频的质感

考虑了构图之后，因为视频不是单张画面，还必须考虑拍摄时的一些注意事项以保证视频的质感。

1. 清晰

除了有意用朦胧效果的视频，清晰都是视频拍摄的第一要务，在硬件设备允许的情况下，务必要选择至少 1080P 以上的清晰度，越清晰的视频越会受到欢迎，后期调整余地也大。切忌一开始拍摄就是模糊的，非常不利于后期处理上传。

2. 稳定

人在长期观看晃动镜头的时候会有头晕目眩的不适感，所以除非是一些有意为之的突发镜头等，稳定是视频拍摄的第二条铁律。可以借助辅助设备，简单的比如三脚架，复杂的比如滑轨等，也可以在用手机拍摄的时候，尽量利用手肘、膝盖，或者一切可以借助的东西进行有力支撑，尽量保证稳定，新手拍摄的时候，最好沿着一个方向展开，而不是左摇右晃，让人产生不适感。

3. 连贯

新手拍摄视频的通病是在拍摄时很难控制时长和保证连贯性，这个虽然可以通过后期剪辑来完成，但是前期素材连贯会给后期剪辑减少很多麻烦，拍摄的时候，尽量一气呵成。不行就同类的多拍几次，保证连贯性很重要。

4. 选好底色、滤镜等

视频的风格调性在一开始就要十分明确，最好严格地记录下来，那么在拍摄的时候才会有连续性，选择什么样的底色、滤镜，一开始就要考虑好，至少要保证是一个体系之内的，比如都是莫兰迪色系的，并且一定要严格执行。

5. 突出主体

前一章的内容定位以及脚本写作，都明确了拍摄的主体是谁，那么紧跟拍摄主体，突出拍摄主体也是很重要的。起码要很鲜明的知道视频最终突出的是什么，不能让人以为只是随便拍拍。

6. 选好陪衬

陪衬可以是物，那么就要在之前构图的时候就合理运用摆放，也可以是人，比如很多不露脸的第二人称就是如此，即使不出境，也要合理安排陪衬的出场时间和表现手法。更要记住，陪衬就是为了突出主体的生动，不能喧宾夺主。

三、如何添加和选择背景音乐

1. 如何添加背景音

抖音视频的背景音分为两种：原声和配乐。点击抖音初始页面底部中心的“+”号，可以直接拍摄视频，也可以点底部右边的相册，即从自己手机的相册中选择要上传的视频或者是视频和相片的组合，然后点击上方选择音乐，抖音会有一些推荐音乐列出，也可以点击放大镜符号选择自己喜欢的音乐，点完后就可以试听，如果想突出原声，就可以点击此刻底部右边的音量键，来选择配乐和原声的音量。然后按下一步就可以发出了。

2. 如何选择背景音乐

(1) 可以先建立自己的收藏

抖音上的背景音乐五花八门，都可以用，在制作自己的第一条视频之前，可以从平时喜欢的感觉可能用得上的背景音乐中先做储备，当刷到自己喜欢的音乐时，可以点击屏幕右下角旋转的碟片标志，点击收藏。

这样将来在上传视频的时候，推荐旁边的收藏里就有很多供我们选择的音乐了。

(2) 从别的抖音视频上拍同款

除了收藏，也可以在刷到自己喜欢的音乐的时候，点击屏幕下方的拍同款，就可以直接使用这首音乐了。

(3) 开头结束时的一些特殊音效

可以在平时看到时就加以收集，比如抖音常用的“Later” “A few moment later”或者开始或者转场的“Duang”声都可以提前收藏起来，在上传视频剪辑的时候予以运用。这个我们在后续的剪辑一节里会重点说明如何添加。

四、如何设置字幕

1. 如何输入和编辑字幕

点击抖音首页下方的“+”号拍摄或者上传视频后，屏幕下方的中间会出现一个文字按钮的选项，这时我们就可以输入自己想输入的文字了，输入完成后可以选择下方的颜色按钮来为文字选择颜色。然后在颜色按钮上方一共有几种字体可供选择，分别是：经典、现代、霓虹、青年、颜宋、卡通、文艺等字体，紧挨着字体左边是对齐按钮，点击对齐按钮，可以实现文字的左对齐、右对齐和居中三种模式。

同一排最左边的 A 按钮是底色按钮，按一下底色是最初的颜色（这个颜色可以通过选择下方的颜色按钮来敲定），再按一下，底色就变成半透明，再按第三次底色就变成全透明。

此时，按屏幕左上方的完成按钮，我们就成功添加了一条字幕了。

此时单机字幕会发现出现一个黑色底色的对话框，上方是设置时长，下方是编辑。点击选择时长，屏幕底部就会出现一个时间条显示的是视频的每一帧画面，这时移动左边的竖边框即可选择字幕的开始时间，移动右边的竖条边框可以选择字幕的结束时间，设置完成后，点击右下角的对勾，即可完成限定时间内的字幕输入了。

设置时长下的编辑是为了改变字幕的内容，如果不满意之前输入的，都可以通过编辑按钮重新设置。

一切都选定后，我们可以通过双指的捏合放开动作确定字幕的大小，双指的旋转来调整字幕的倾斜度，单指拖动来改变字幕在屏幕上的高低，特别要注意的是，如果拖动到最上方垃圾桶位置，本条字幕将会被删除，所以要注意一定不要拖动得太高。

同一个画面可以有多条字幕，也可以只有一条，可以根据视频的发展准确地定位字幕。建议在设置封面字幕的时候可以将字幕做得大一些，方便预览。

2. 自动添加字幕

抖音除了自己添加字幕之外，还有一个很方便的功能，就是自动添加字幕。

自动添加的内容包括原音和背景音乐，导入哪一个取决于视频拍摄者选择哪个作为视频音乐的主体。

具体操作方法如下：点击抖音首页下方中间“+”号拍摄或者上传视频，点击下一步，选择下方长条左边的边框来选择需要添加字幕的开始部分，选择右方竖条边框选择字幕何时结束；然后点击选择配乐和音量，这个时候就可以选择到底是要原声配字幕，还是配乐配字幕了；哪个参数大，视频的音乐声就更倾向于哪个，自动识别字幕也会是哪个。

选择结束后，在空白处点一下，接着就可以点击右上角的自动字幕，下方就会出现“字幕识别中……”，识别完成后，千万记得不要急着上传，因为自动识别是很可能出现错别字的，点击识别出的字幕，可以改正错别字，或者根据自己的需要调整字幕内容，全部调整完成后，打勾。

回到页面，点击“A”标记，来选择字幕的颜色、字体，这和前面所说的字幕编辑等的操作都类似，也是通过单击字体可以决定字幕在屏幕上的高低，也可以通过捏合放开缩放大小，全部选择好点击保存，然后选择下一步，就可以发布了。

■ 第四节 新手必知的抖音小功能

——如何玩转抖音的道具、贴纸、特效、变声、卡通头像等功能

抖音为了方便短视频制作者，开发了很多有趣的小功能，来降低新手小白的视频拍摄难度，增加趣味性，让视频画面、声音等更具趣味化与多元性，以下就一一为大家介绍。

（一）抖音道具

这是目前最常为大家所使用的小功能，大V迪丽热巴的视频里有一半都是使用道具拍摄完成的。点击抖音首页正下方“+”号后，就会发现屏幕的左下角有一个“道具”方块，点击进去就会发现“收藏、热门、最新、美妆、头饰、扮演、氛围、场景、新奇、变形、测一测、游戏、特效师”这一排选项。而每个选项下都有上百个选择。

抖音的道具也经常成为广大抖音视频制作者一起玩的游戏，比如“凡尔赛公主”就有很多明星参与，并且玩出自己的花样和特点。

点击抖音道具后，被拍摄者的形象会被自动套入各种特效情景，而且往往带有背景音，可以进行对嘴表演，游戏还有互动的功能，可以联合朋友一起进行挑战。

而且抖音道具往往自带美颜等效果，对于想快速拍摄日常视频的人来说，是不错的选择。

看到喜欢的道具不方便马上拍摄的话，也可以记得点击左下角的星星进行收藏，以备将来使用。

（二）抖音贴纸

抖音的贴纸功能一开始就是抖音较为重视的一种功能，甚至连续几年上了抖音的大数据报告。

贴纸可以营造出有趣的动感效果，具体使用方法如下：

打开抖音首页下方“+”号，拍摄或者上传视频或照片，选中素材视频后，点击右上角的下一步，这时在编辑页面下方的文字按钮旁边就会出现“贴纸”按钮，单击贴纸功能，就会出现“贴图”和“表情”两大类选项。我们可以根据自己的需要选择贴纸，单击即可添加贴纸，再次单击可以移动贴纸的位置，双指捏合和放开可以缩放贴纸，旋转可以改变贴纸的角度，如果想删除贴纸可以挪至屏幕上方垃圾桶标志，可以在同一画面添加多个贴纸。同时单击贴纸设置时长，可以根据背景音乐的具体节奏，设置下方长条贴纸开始的点和结束的点，同时加上一些比如烟花绽放类的贴纸效果，这样就可以起到动画一样的效果。

抖音的贴纸还有一个主要的功能就是歌词，选择贴图下的歌词找到自己喜欢的音乐，点击使用即可，加入歌词后可以单击对歌词进行编辑，点击下方的字体模式可以更改字体以及所出现的动画形式，点击颜色可以更换颜色，点击音乐符号点击声谱左右拖动可以剪出自己需要的音乐。全部选取完毕点勾即可。

目前抖音贴纸虽然没有前几年一样热门，但是依旧可以成为视频的点缀，起到个性化装饰的作用。

（三）抖音特效功能

抖音特效功能也是除了道具、贴纸外最广泛为用户使用的功能，抖音的特效功能点击首页“+”号上传或者拍摄视频后，点击下一步，进入到视频编辑页，在下方选配乐旁边就有一个特效按钮，单击进入，就可以看到抖音特效的五个类别——滤镜、识别、分屏、转场、时间。

滤镜的功能自不必说，具体使用方法选择好上方长条的位置后，按住滤镜按钮，即可添加效果。还可以分段添加滤镜，选好滤镜，先点击播放，到需要滤镜的时候点击特效即可添加。如果不满意可以撤销，重新录制。

识别版块里有很多有趣的特效，比如体重五十斤、分身等等，都可以根据自己的需要添加，同样可以选择开始和结束，一段视频只能有一个效果，请务必注意。

分屏有模糊分屏、黑白分屏、两屏、三屏、四屏等，可以根据需要选择。

转场有光斑模糊变清晰、开场、倒计时、电视开机、横滑、慢动作等，特别注意的是，一般新手可以用这个来制作抖音的封面。

时间有时光倒流、慢动作、反复等，也可以根据自己的需要来做选择。

（四）抖音变声和卡通头像功能

有一些抖音制作者不喜欢被人发现自己的真实身份，于是就选择变声或者加上卡通头像等出境。

变声其实很简单，点击首页“+”号拍摄或者上传视频后，点击下一步，屏幕的右上角就会出现一个变声的选项，点击它，下方就会出现“花栗鼠、小哥哥、颤音、电音、小黄人、蜡笔小新”等不同的音效，可以选择自己喜欢的声音效果。

卡通头像如果直接拍摄可以直接选择贴纸里的卡通头像，就可以直接出来这样的效果，如果是已经直接录制好的视频，可以在导入视频素材后，点击特效，再点击识别，选择一个头像即可全部遮住人脸，变成卡通头像了。

除了以上这些小功能，抖音还有滤镜、美化、快慢速、倒计时、画质增强等选项。

滤镜往往可以形成固定风格，针对人像、风景、美食、新锐等有较好的风格效果，可以与自己的内容定位风格调性相一致。

美化、画质增强等如果需要都可以选上，快慢速、倒计时可以根据自己拍摄的需要增加，特别需要注意的是，快慢速可以根据照片、文字、视频三类来进行极慢、慢、标准、快、极快五种选择，并进行结合，并不是只针对视频。

■ 第五节　零基础抖音的简单拍摄方法

——卡点视频、酷炫影集、拍同款、合拍抢镜等

抖音为了方便新手用户使用，推出了很多方便的拍摄方法，在最开始完全不会使用的时候就可以用这些方法进行拍摄。

一、卡点视频

这是最常用也最方便的一种拍摄方法，一般来说卡点视频都是使用手机里现有的素材，可以是几段视频，也可以是视频+照片的组合。

点击抖音首页下方“+”号后，选择相应的视频和照片，点击下一步，“正在处理视频”消失后，点击屏幕右上角的剪裁选项，进入视频编辑页

后，左下方就会出现音乐卡点的选项，这个时候可以选择旋转、快慢速以及删除，然后保存就会得到一个初级的卡点视频。

不满意的话可以选择视频长条上方的取消重新选择即可，对于音乐的选择也可以点击上方中央音乐按钮进行自主选择。

抖音的卡点音乐视频是很智能的，一般推荐的剪辑和音乐都可以达到较为合适的效果，如果不追求风格化，是可以直接使用的。

二、酷炫影集

这种拍摄方法一般针对照片，当然也可以选择不长的视频。同样地从首页下方“+”进入，选择屏幕最下方的影集选项，可以看到影集模板有“收藏、经典、热门、最新、卡点、玩法、电影感、VLOG 大片”等数个子选项。以“大片”里的一键生成 2020 年终总结为例，点开可以上滑选择更多的影集央视，找到自己喜欢的，然后选择照片，可以看到有 2 秒或者 3 秒的选择，分别点击影集上方的加号选择数张照片和视频，一般建议选择 8~10 个然后按确认进行合成。如果不满意，可以按视频编辑页面左上方的换素材重新选择照片视频，同时可以添加自己想要的文字、贴纸、特效、滤镜以及画质增强，也可点击视频上方音乐按钮更换自己想要的背景音，最终得到自己喜欢的视频。

这种方法的缺点是有些模板的文字是不能编辑的，只能用原有模板的。但是优点是可以十分迅速地制作出成熟视频，可以快速发布。

三、拍同款

想要拍摄某个视频的同款，首先可以观察下这个视频是否有道具按钮，如果有，直接按道具基本就可以直接进行拍摄。

有时候首页下方的“+”号会显示为道具样式，点击该样式就可以直接进入拍摄页面，拍出来的就是同款了。

如果是喜欢同款背景音，可以按页面右下方碟片的链接按钮，就可以看到拍同款的选项。这样的拍摄方法方便进行对嘴视频的表演，一如之前“小咖秀”的操作，可以成为初步演绎的练习，也能起到一定的喜剧效果。

请务必记得，抖音是鼓励创意的平台，不要一味模仿，即使是拍摄同款，也可以有自己的一些创意点子。能在同款内找到属于自己的风格，才有拍摄的真正意义。

四、合拍抢镜

抖音的合拍也是很多明星喜欢使用的，因为合拍会起到一个模仿、互动的效果，所以也比较受欢迎。其操作方法十分简单，找到一个你喜欢的视频后，可以点击右边箭头分享键，然后合拍功能就会出现在视频右下方，点击红色按钮就可以开始合拍了。

开始录制后，屏幕右侧会有布局按钮，可以调整左右、抢镜和上下布局进行拍摄。

合拍视频的优点是可以模仿和互动，缺点是不能录制自己的原音，更不能更换背景音乐。另外，合拍不是所有视频都能使用。

抢镜开始和合拍基本类似，都是点击分享箭头，然后选择下方的抢镜按钮。原视频就会变成一个小窗口浮现在自己录制的视频上，我们可以单击随意挪动这个小窗口。

如果没有抢镜按钮，按合拍步骤选择抢镜布局，然后打开麦克风，以及调整原声以及配乐的声音大小，再进行录制也是可以的。

抢镜最有趣的是创意的点子，比如可以和抢镜的视频分段合唱，和明星视频合拍或者对原来的视频进行吐槽等。

■ 第六节　剪映初阶版短视频拍摄与剪辑学习

——如何添加任意音乐、中英文字幕、设置片头片尾、变声配音以及进行简单剪辑

学会了新手入门的一些方法，下面我们就有必要学习一些专业的拍摄剪辑。其实目前手机运用的剪辑拍摄软件很多，但是我们无法一一说明，只能挑选与抖音官方推出的，与抖音很多功能互通的剪映 APP 来加以说明。

初级篇适合零基础的小白学习，剪映的使用总体来说还是十分方便的，除了有比抖音更丰富的特殊转场特效、视频贴纸、滤镜颜色之外，还有剪映独有的剪同款功能，找到现成的模板，就可以根据自己的需要添加自己喜欢的素材，立刻做出类似的大片或者电影感的视频。

本节我们将从如何添加任意音乐、音效、录音，添加包括英文字幕的文字，以及如何进行最基础的视频剪辑，例如如何设置封面片尾、裁剪不需要的片段、音乐、视频顺序、速度的调整、倒放、转场等，开始教零基础的大家学习如何利用剪映制作视频。

一、如何任意添加音频、音效、录音

1. 剪映自带音乐和抖音现有音乐添加

首先点击剪映首页，找到左下角的剪刀标志，然后点正上方开始创作，可以导入照片和视频，也可以点击开始创作右下角的拍摄键直接拍摄，导入素材后，请注意画面左下方第二个音频按钮，点击进入后，再点击最左下方的音乐，即可选择剪映自带音乐。

由于剪映和抖音是互通的，在刷抖音的时候，如果碰到喜欢的音乐，可以按碟片标志，点击收藏。

在使用剪映时，前述步骤相同，只是在音乐同一排的右下角有一个抖

音收藏按钮，可以直接点进去，即可添加抖音收藏的音乐。

还有一个办法可以使用抖音带有的音乐，刷到抖音视频的时候，点击右下角分享键，然后点击复制链接，打开剪映之后，按音频，点击音乐，再点击屏幕中心靠右的“导入音乐”，粘贴抖音刚刚复制的链接，按链接旁边的向下箭头进行下载，即可使用音乐。

2. 手机录屏添加音乐

这几乎是一种万能的添加音乐的办法，只要在手机上可以录屏，凡是放得出来的音乐就都能运用到剪映视频里。

这个方法的具体操作方法是，先打开手机录屏，持续录制音乐的播放界面，具体录制的长短可以根据自己需要添加音乐的长短来自行决定。录制完成后，如前面的步骤点击剪映里的音频，再点击屏幕下部接近中心位置的提取音乐，导入刚刚录制好的音频，即可生成音乐。

这种方法几乎可以添加所有只要能在手机上播放的音频，但请注意不能涉及侵犯版权的问题。

3. 音效

这在前面第三节已经提到过，在开头结尾或者转场、点题的时候，需要一些特殊的音效。

剪映里本身自带一些音效，点击音频后，屏幕底部中间就会出现音效按钮，里面会出现综艺、游戏、转场、机械等几大类音效，可以直接下载使用。

如果发现一些新奇的剪映里没有的音效时，也可以使用万能的手机录屏功能，具体的做法和之前导入音乐的方法一致，把带有音效的视频点击导入，即可获得同样的音效了。

4. 录音、变声

按前述步骤点击音频后，就可以发现屏幕右下角有个录音按钮，点击就可以录下自己的声音了。

如果想变声，首先点击视频条下的声音长条，向右滑动，选择变声或者变速。这里面的变声效果比抖音自带的更多，更丰富，且通过音速可以使同一种变声变出不同的效果。

二、如何添加特别的字幕

1. 中英文字幕

首先点击开始创作，然后进入编辑页，点击文本按钮，再点击新建文本，输入自己想要添加的内容，添加完毕后点击输入界面的换行。手动输入或者直接粘贴文字翻译，即可生成中英文字幕。

2. 特别的艺术化字幕和动态文字

按前述内容输入文字内容后，点击屏幕下方的文字条，再点击屏幕下方的样式，可以直接选择下方的丰富颜色来选择梗概颜色，而颜色条上方的各种字体也比抖音自带的更为丰富，有后现代体、拼音体、快乐体等等，文本还可以规定标签、阴影、描边以及字间距等。同时可以点击样式旁边的花字，选择各种已经做好的艺术化字体。

动态文字的操作是输入文字后先点击文字条，向右滑动找到动画，选择入场动画、出场动画和循环动画，其中包括轻微放大、渐隐、放大、缩小等，同时可以调节动画的时间，这在制作片头和片尾的时候都非常有用，可以突出视频的封面题目和完成固定的片头片尾格式。

3. 字幕出画

抖音视频的字幕很难到画面以外的背景部分，剪映可以做到这一点。

按文本按钮点击新建文本输入内容之后，向右滑动找到比例，然后选择 9∶16 的比例，两指捏合和缩放文字都合适大小，然后直接拖动文字，即可把文字放在画面之外的背景上了。

4. 如何将字幕与音乐旁白同步

很多看过翻译视频的人都看过一个制作者名单里的“同步”，音画同步是非常重要的过程，而剪映可以简单地做到。

具体步骤如下：按前述步骤输入文字内容后，点击音频长条下的文字条，移动两边边框让字幕与视频画面、歌曲同步，即可实现同步。

三、如何实现初步的视频剪辑

1. 如何设置封面和片尾

点击剪映开始创作后，导入或者拍摄视频以及照片，就会发现在视频条的最开始会出现一个设置封面的选项。点击设置封面即刻会出现视频帧和相册导入两个选项，屏幕下方也有封面模板，分别有推荐、生活、游戏、知识、时尚、影视、美食等板块，可以根据自己的视频类目予以选择，选择好后按右侧对号返回，然后可以点击封面模块旁边的添加文字，给视频取名。

一定要注意的是，封面最好布局合理，标题清晰，在缩小的时候也能看得很清楚。也可以不用简单的模块，而是专门进行单帧的制作，起到更好的视觉效果。

将视频条挪到最后，会发现一个“+添加片尾”的选项，这里的片尾如果是系列视频，可以事先录制好，也可以选择照片，或者从素材库选择抖音已经做好的片尾，按添加即可。

如果每个视频的片尾都是一样的，还可以在主界面点击右上角设置，点击自动添加片尾，那么以后每一个视频都会有固定的片尾了，十分方便。

2. 如何裁剪多余的镜头

一般来说，新手拍摄都不可能一镜到底，一次成功，那么如何裁剪不需的画面就十分重要了。打开剪映点击开始创作导入或拍摄视频之后，点击视频长条，移动两边的边框，留下的就是你需要的视频内容，变暗的就是被裁剪掉的镜头。

如果要从中间裁剪，那么移动视频条中间的白线到需要裁剪的位置，点击视频长条，再点击屏幕左下方的分割，接着点击分割出来的视频片段，在点击右下角删除的垃圾桶标志，即可删除不要的镜头了。

3. 如何裁剪出想要的音乐

点击音乐条，移动白线到不需要的地方，点击分割，点击删除垃圾桶，即可删除不要的音乐片段了，请务必注意删除音乐时要注意音频和视频的配合，避免误操作。

长按音乐条也可以移动音乐的位置以配合视频，再进行裁剪，如果音画不同步，可按前文的同步步骤进行调整。

4. 如何调整视频速度

就像电影拍摄一样，短视频也可以有快镜头和慢镜头，导入视频点击剪辑键以后，点击视频条，点击屏幕下方中部的变速按钮，会发现上方出现一个标有“0.1X、1X、2X、5X、100X”的标尺，X 意味着倍数，1X 就是视频最原始的倍数。用手指滑动即可确定视频的倍数。

5. 如何使用贴纸、画中画、特效、滤镜、比例、背景、调节功能

在导入视频后，剪辑的旁边除了音频视频就是这一系列选项，贴纸、特效选中后，可以发现底下有一个特效时间条，可以通过挪动开头结尾设置所需呈现的时长；画中画可以导入照片也可以导入视频，同样可以调节时长；滤镜较为简单，分为质感、清新、风景、复古、美食等，可按自己的类目和需要进行选择。

比例一般建议横屏选择 16∶9，竖屏选择 9∶16，这与大多数手机的屏幕比例都适合。

背景选取较多的是画布模糊，也可以根据自己的需求选择颜色和样式。

调节类似照片有亮度、饱和度、光感、锐化、高光等，同样可以选择运用于视频的时长。

6. 如何使用倒放、复制、动画等功能

导入视频后，点击视频条下方的倒放，那么放出来的视频就有倒放效果，这也常常被运用于电影中，起到很有趣的效果，比如人倒着走路，雨水又重新回到天上等。

而点击倒放旁边的复制，这条视频就会被按照复制的次数重复，一样起到有趣的重复效果。

动画可以选择入场动画、出场动画和组合动画，可以设置轻微放大、缩小，滑动、旋转等动画效果。

其余如智能抠像、色度抠图等因为属于进阶不太常用的功能，于此不赘述。

这些功能选择完毕后都可以点击屏幕中部的三角符号先进行预览。

7. 如何调节多条视频的顺序

我们都知道很多视频是由多段视频组成的，那么谁在前谁在后，如何调换呢？这个操作其实十分简单，比如想把一段视频放到片头，那就长按这条视频，向前移动到片头即可，其他需要左右移动的也是用同样的方法即可。

8. 如何使用转场

点击各个视频之间的白色小方块，即会出现基础转场、运镜转场、特效转场、MG 转场、幻灯片、遮罩转场多个选项，分别点击下方的具体转场效果，视频条上就会出现一个类似剪映的标志，点击屏幕中部三角播放，即可预览转场效果。

9. 撤回键和还原键的使用

编辑视频的时候，视频条上方有一个回头箭头的标志，即为撤回键，点击即可取消上一步的操作，而反向的箭头就是还原键，不愿意撤回可以再次点击还原即可。

第七节　剪映进阶版短视频拍摄与剪辑

——如何拍摄情感文案视频、探店、VLOG 视频和小剧场视频等

学会了最基础的剪映初级篇，下面我们来介绍如何进行进阶版的操作，包括如何拍同款、如何制作专属卡点的情感文案或 VLOG 视频；如何拍摄类似探店、旅行的简单叙事视频以及最受欢迎的小剧场视频几个部分。

一、最简单的剪同款

这是最简单的一种操作，也是剪映方便初学者一开始入门的拍摄和剪辑方法。

打开剪映首页，在首页最下方剪刀旁边的剪同款，点进去以后，就会出现关注、推荐、卡点、情感、玩法、友友天地、纪念日、萌娃、情侣、美食、大片、旅行、动漫、萌宠、VLOG、跟唱、游戏、时尚等多个子选项。

初学者可以根据自己的视频内容定位类别先选择相应的子集，然后从下方挑选自己喜欢的视频，特别注意的是，这与一般的卡点视频不同，可以直接点击拍同款后，切换至拍摄，也可以根据底下素材规定的秒数，导入数段素材，这些素材可以是视频也可以是照片。

完全可以提前预估好自己的视频拍摄内容节奏，并且根据开头结尾重点导入，导入之后可以进行文本编辑，也可以裁剪。

还可以购买剪辑草稿，目前剪映可以把创作人的模板原始草稿开放给大家，具体方法是进入模板后，首先点击购买剪辑草稿，向创作人草稿付费（首次是免费的），完成付费程序后，就可以进入模板更改音乐、贴纸、特效，这也是学习熟练的视频制作创作人的剪辑方式的一个基本方法。

但是长久创作来说，自己按照自己的内容进行创作，是更好的途径。

下面我们就具体来从易到难地介绍一下剪映的几种常见视频的拍摄和剪辑方法。

二、如何制作专属卡点的情感文案或者 VLOG 视频

其实这也是一种卡点特效视频，卡点特效视频是模板、剪同款里最常见的一种。但是如何能不被模板所限制，拍出自己的风格，就需要学习以下这些简单的方法了。

首先，要学会的是拍摄方法。要明确自己的主题，比如是情感类还是VLOG，要表达什么样的情绪等。

比如情感类，要表达一种想念的情绪，就可以拍摄一些诸如你想念一个人的时候的感觉，比如“冠盖满京华，斯人独憔悴”——可以拍摄一些在众人狂欢时，一个人落寞思念感觉的照片，还有一些例如人海茫茫、城市路灯等的画面，可以是照片，也可以是视频。特别要注意的是，如果最终制作的就是短视频，那么每段素材都不必太长，事先在心里想好，视频的节奏，比如开始都是比较平淡的，那么每个素材可以基本控制在2~3秒，最后有一个4~5秒或者更长的表达情感的画面，就可以拍摄得长一点。

前期拍摄想清楚节奏，后续剪辑就会更容易一些。

其次，背景音乐可以采用踩点法。这种做法需要先导入素材照片，然后点击音频，点击提取音乐，导入一个需要的最好是音乐节奏分明的视频，接着点击视频长条下面的音乐条，然后点击屏幕右下方的踩点，通过听音乐将音乐有明显节奏变化的地方用视频中下方的“添加点”单击添加出来。

再点击首个视频条，将视频边框拉到第一个点，再依次把后续的视频或照片的边框拉到下一个，再下一个点上，这个时候可以选择每个小段添加自己喜欢的动画效果，长按动画时长按钮可以改变动画的时间，可以和每个点卡准，这样，一个完美的音乐踩点视频就剪辑完成了。

如果没有明显的节奏，以15秒的视频为例，在第三秒、第五秒、第七秒的位置打上踩点，就是比较合适的节奏，同理导入的三秒、二秒、二秒、八秒视频就可以有一个完整的视频结构了，然后如上一样对齐音乐和视频的踩点即可。特效、贴纸也可以根据内容添加，一些情绪类视频也可以相应的调快或者慢放来达到更合适的效果，这些通过变速都可以达到。

最后就是文案和字幕的部分了。这里有一个简单的方法就是如果背景音乐选择得合适，就可以用自动字幕代入。但是更能表现主题的方法，当然是自己来设计和调整专有文案，具体的办法是选择文本后，点击输入，把想要表达的文案录入，点击样式选择合适的更艺术化的字体，还有排列方式以及屏幕上的位置，然后将文字进度条拖动到需要的在视频里出现的时长和位置，如果是一以贯之，就拖动到底。完成后，可以选择动画，调整动画时长来加强这种效果即可。

一定要注意的是这类视频的开头最好有一些冲击力，可以是固定的，也可以是较为灵活，只是有一以贯之的要素，比如标题之类的就行。而结尾可以做得比较有记忆点，较为固定即可。

VLOG 尤其如此。

三、如何拍摄类似探店、旅行的简单叙事视频

这一类视频的拍摄方法有构图和时长分配两个阶段。

首先，一定要拍一个比较漂亮的片头，这种构图可以直截了当，放拍摄主体最有特色的一段视频或者一张全景照片，可以是所探的店的外观门头，也可以是景点最有代表性的一幕。

接下来就要注意下来拍摄的方向，在高清平稳的同时，拍摄方向和角度的变化，比如第一段视频可以是从左往右，第二段是从上到下，也可以从视频的四个角开始逐次推开，总之需要一点变化，不能是一个方向一个角度，这样在转场的时候就会感觉不够丰富。

拍摄的静态构图可以参考前面章节所讲的黄金分割法、中心点构图法、九宫格、三分法等，尽量追求画面的美感。

然后就是时长，以 30 秒视频为例，可以按照片头 2 秒，5 个片段每个 4~5 秒，最后 Ending 3~8 秒来安排，也可以按照片头 2 秒，前面 4 个片段 3~4 秒，重点片段各 5~6 秒，再加上很短的 Ending 来结束。

片段的秒数主要取决于你想表达的重点在哪里。如果只是平铺直叙的按照时间线，每个片段时长就可以差不多。建议拍摄的时长每个 5~10 秒，以方便后期剪辑。重点片段可以多拍一些，多拍几次，方便选择。

在这样的拍摄基础上，可以进行两轮剪辑，第一轮初剪，可以把每个视频的时长保存在五秒左右最好的部分，然后在视频中间的方块添加转

场，预览一次。

然后就可以进行精剪了，把需要缩短的缩短，把需要添加的添加，完全可以不必是整秒，而是根据实际的画面来调整，直到达到合适的效果，就可以再添加文字字幕和动画贴纸、特效了，音乐也可以考虑进去，这一类的视频不必卡点，最好是舒缓的背景音即可。片头片尾的声音可以加一些特效让整个视频更加风格化即可。

三、如何制作最受欢迎的小剧场视频

很多人都以为小剧场视频最简单，是拍摄生活中的情景，或者可以一镜到底，主要靠的是剧本，而不是拍摄剪辑。这种想法是有失偏颇的。

因为剧本再好都需要视频镜头来呈现。我们将用三种最常见的小剧场视频来讲述如何用专业的方法进行拍摄和剪辑。

第一种是单人精分式，这种拍摄的主要特点是一人分饰多角，妆发十分重要，不在乎好看，而是一定要突出人物的区别，虽然脸是一张脸，但是感觉上必须是符合各自的设定，可以用一些夸张的妆发来实现。

这一类视频大部分在室内完成，构图要求倒是十分简单，比如“多余和毛毛姐”就是如此，一块白墙都可以成为背景，人物居中或者在黄金分割点，很考验拍摄主角的演技。

第二种是主观镜头式，也就是说躲在摄像机后的不出境的人也是参与表演的，往往是用声音和镜头语言来表现，比如“疯产姐妹”就是个例子。这种表演方式让观者有一种沉浸式的体验感，很受欢迎。这类题材最贴近生活，好像朋友之间故意整蛊偷拍，可以用一些看起来不太专业的镜头，但是切记，对话不要有太多废话，一定要切题，上来就点中笑点所在，最后有一个有力的 Endding，可以室内可以室外，形式活泼，拍摄主角的肢体动作等必须有一定表现力，两人的互动也必须有笑点，要有足够的镜头语言。

第三种就是多人拍摄式，比如广东夫妇、祝晓晗等都是这种拍摄方式。这种拍摄可以架固定机位，也可以两人互拍，最好也是尽量贴近家庭生活的题材会比较好，所以取景的范围不必太大，拍摄主题也要突出。线性叙事结构要清晰，也就是说要把一个故事尽量说完整，并且抛出笑点。

这三种拍摄方法都可以用手机完成。

具体拍摄可以参考一些电影、微电影、短片的拍摄手法，尤其对于爆梗点、反转点，要抓得非常准，用镜头语言充分地表达，具体可以学习一些较为专业的运镜方式，比如最基本的四点：推、拉、摇、移。

所谓推就是一般说的推进，就是把镜头稳定地从远景往近景直至特写方式，推镜头还可以和升降效果相结合，这样会更加立体。推镜头往往都表示前进或者关注。拉就是和推相反，结合升降一般是从上向下移动，有一种离开，渐渐远离的感觉，可以用于结尾。

摇就是晃动镜头，但是一定不是乱摇，而是以一个固定中心点用规律的仰角、俯角拍摄，环绕拍摄等。

移镜头就是按照比如从左往右，从上到下，稳定地横移，这种镜头尽量离拍摄主题远一点，动感会比较好。

在所有镜头的末尾都可以甩一下，作为规律的转场镜头或者视频的剪辑点，也是常常采用的拍摄手法。

小剧场视频剪辑上要注意几点：

1. 固定开头，片尾：这主要是因为这一类的视频往往是系列剧式的，不会常常变换主角。所以开头结尾也必须固定。不管是封面片头设置的字体、背景还有音乐最好都是固定的，容易创造记忆点，让观者记住。

2. 有趣音效等的添加：有别于 VLOG 等，这类视频的背景音乐反而不重要了，原声录制反而很重要。这种视频的音乐是带节奏的，很多有趣的音效，要多多运用添加。尤其是广泛使用的音效和有趣的画面，可以在抛出梗的时候特别点出，更容易烘托效果。

3. 字幕要大且清晰：因为这一类的视频很多采用较为生活化的语言，有些干脆就是方言，请一定要带字幕，主要的目的是让人看明白。特效贴纸除非是增加笑料，否则倒是不很必要。

4. 剪辑要干净利落：每一句话都是点，不能有废话和多余剧情。剪辑要干净利索，不能有没用的空镜等。

5. 时长控制：这类视频不一定只有 15 秒，可以有半分钟、3 分钟等选项，但是尽量不要太长，必须在一个视频内有一个相对完整的故事线。请记住短视频就是短视频，太长是非常冒险的。因为如果黏不住观众，就会被划走。

■ 第八节　剪映高阶版短视频拍摄与剪辑

——如何拍摄瞬移、变身等特效视频；电影感短视频；商业大片感短视频

在很久以前，用手机拍出一整部电影就不是什么特别的事情了。虽说引进高清相机、摄像机、航拍器会有更多的专业感，但是目前一部好的手机也可以做到这一点。

那么如何进行高阶的拍摄呢？前面最基础的技巧和一般的拍摄手法熟悉之后，我们就可以尝试进行高阶版的短视频拍摄，比如特效视频，和电影感、大片类的视频。

一、如何制作瞬移、变身视频

这类视频的拍摄主要是要表现一种类似魔术感的前后对比，拍摄的技巧一般来说靠的就是三个技巧：一是连戏，二是连续的动作，比如从办公室瞬移到户外，可以采取差不多的构图比例，让视频主角位于视频一个比较固定的角度，然后不更换衣服，做一个比如向某方向转身或者跳起来的动作，然后在下一个户外场景，做一个可以借着转身或者脚落地的镜头，然后采用剪映的剪辑，把两个镜头之间的转场做一个虚化或者旋转的选择，再来播放，就好像实现了瞬间移动。

而变身视频的制作就更简单了，一来目前抖音有很多模板，可以直接

套用，在之前拍摄好一段比较日常普通的造型，变身后加入新的造型照片即可。

如果想拍出自己独有的更好的效果，可以选择更高帧数的拍摄，在人物正面加面光灯，背后加聚光灯，背景可以选择黑色吸光布，或者较为单纯的背景即可。

变装之后的特效可以使用喷烟机、泡泡枪等、也可以直接使用剪映自带的特效，拍摄的手机可以采用手机夹固定在稳定机位。设置一些连续动作或者手势等，拍摄两段视频，一段是变身前素人的，一段是变身后特别的。注意拍摄中千万不要移动机位，否则剪辑不出效果。

素材拍摄完成后，就可以加入特别的比如带有特殊卡点音乐的背景音，然后导入素材，取消原音，裁剪两段视频画面，将前一段视频的裁剪框裁到刚刚出现动作的时候，然后把后一段视频裁减框拖拽到和前一段人物所处的屏幕位置差不多大小的位置。然后可以把后一段变身后的效果放慢速度，加上特效，效果就更好了。

二、如何制作电影感视频

其实之前介绍的情感文案卡点视频都可以制作出电影感，如前述步骤加上电影化的滤镜，就是一段电影感的视频。

但是电影感的视频不止于此，但是有一些拍摄剪辑技巧是共通的。

首先是选择拍摄一些很有质感的视频素材，尽量脱离一些太过俗套的，而是选取一些比如电影片头常用的街道景色、人物背影，或者面部特写等等，请记住，这些镜头最好是带有动感的，尽量不要选照片或者静止镜头。

其次是选择视频素材的尺寸，可以选择 9：16，就有宽银幕一样的感觉，可以设置黑色或者别的底色的背景，方便添加文案和字幕，也可以选择别的尺寸，将文案放入画面即可，这主要是看视频内容适合哪种。

另外，就是视频拍摄的清晰度，最好选 60 帧每秒以上的。

背景音乐的选择不一定是整首歌，而是选择高潮部分的音乐，剪辑音频条，拖拽音乐条的白色边框，将多余部分删除，然后将音频条按照节奏进行踩点，这里也可以选择自动踩点。

还有，请注意，慢镜头是电影感很常用的手法，可以选择变速，把视频素材调整为0.7倍或更慢，然后调整视频时长，分别对齐之前的裁好的音乐节点，确保视频时长和音频时长是一致。

最后也是很重要的一步，就是添加电影画幅特效和电影滤镜。电影画幅特效可以和整个视频的时长一致，会更有感觉。

而电影滤镜可以选择视频画面多进行尝试，预览后再做选择，然后选择应用到视频的全部，这样整个视频的画质、风格、颜色、调性就会显得格外一致，也增加了电影感。

电影视频很重要的一条是文案和字幕。尤其是文案，要能点出视频的核心内容，而且要言简意赅，有深意，有延展，能让人有所共鸣和思索。类似电影的独白或者金句。

字幕也要做的更有艺术感，不能简单堆叠了事。字间距一般可以设置为2，和电影的字幕类似。

三、如何制作商业大片感视频

很多人都认为拍出大片必须有较好的拍摄器材，其实一部手机也可以做到这一点。还有人认为必须有稳定器等辅助拍摄工具，这当然可以有所帮助，但是也不是必备条件。

建议最开始不要花太多的钱购买太多设备，可是熟练以后再购买。

那么用手机拍摄大片感的短视频具体需要怎么做呢？

1. 首先，可以在拍摄之前选择好对焦位置，在构图的时候，先做好焦点突出，周围模糊的景深法构图，因为大部分的大片都是有具体的拍摄对象的，而且需要突出拍摄主体。如果拍摄主体是人的话，就需要和拍摄主角商量好，在对焦的位置，就开始动。如果是美食类等，就需要主厨在拍摄的时候在镜头进行到对焦位置的时候才开始使用对焦中心的物品。

2. 多角度拍摄，突出主题。比如城市夜景就可以用仰拍角度，比如车辆视频就可以拍车行进中透视法的沿线推进，俯拍也是个不错的选择。镜头语言要够大气、时尚，会对将来剪辑很有好处。

3. 打开防抖功能：因为是手机拍摄，所以难免会有抖动，剪映是有防抖功能选项的，拍摄时的镜头即使有些抖动，打开防抖也会变得比较稳定。

4. 熟练使用推拉摇移，使用这种拍摄技巧的时候，请务必注意你最后的落点都应该是拍摄主体。

5. 后期剪辑可是使用变速来让视频突出主次。

6. 每段视频拍摄结束，预留同样的结束方式，比如向下移动等，方便剪辑。

7. 画质要清楚，如果采用相机拍摄，请务必选择 60 帧以上的速度。最后务必选择锐化，可以让视频更加清楚。

8. 滤镜要调整得非常有质感，可以多次调整，直到自己觉得和主题以及风格合适。

9. 片头片尾要做得十分有大片质感，可以选择合适的片头片尾来合成。

10. 背景音乐可以选择较为舒缓的交响乐或者轻音乐等。音效要少且精，可以用音效开始，然后以背景音结束。可以采用变声选择较为商业和广告化的声音来念出最后一句关键的广告语等。

第四章　试　播

完成了抖音短视频账号的内容定位、视频拍摄后，下面就开始了最关键的部分，上线试播。从此以后，抖音账号也就进入了运营的第一阶段了。这一阶段很多人都会直接开始进入运营，但是不成熟的运营就是灾难。所以如果是抖音小白，不妨增加一个这个试播的阶段，了解自己的长处短处，回头重新调整拍摄内容等，再进入正式运营。

第一节　抖音平台审核政策全了解

——抖音账号封号、限流审核规则和申诉流程

从自己制作到抖音上线很重要的一步就是要先了解抖音对于账号的管理规定。相信很多不太了解抖音的小白都注意到了，有一些看似大火的账号，因为被抖音封禁、限流很快沉寂，而之前所有的努力皆白费。哪些是抖音严禁触碰的红线和雷区呢？什么会被平台判定为搬运、广告营销、骗赞、负面价值、侵权呢？

即使熟读实时更新的《抖音社区自律公约》，为什么还是会被限流，乃至封号？

这里都会为大家一一解读。

一、抖音封号——严禁触碰的红线和雷区

（一）严禁违反公序良俗、社会主义核心价值观价值观的内容

抖音并不是法外飞地，甚至比一般法律规定的还要严格，类似炫富、卖惨、婚外情、色情、暴力乃至不正确的价值观都会被抖音封禁。

其具体规则包括但不限于：

1. 视频中出现抽烟、酗酒、骂人、打人、虐待小动物、恶搞导致他人受伤等暴力行为等；

2. 发布违法信息如赌博、非法集资等；

3. 打架斗殴、自残、家暴、虐待动物等；

4. 出现管制刀具和攻击性武器例如刀具、枪（包括火柴枪）、弹弓、飞镖；易燃易爆物品（炸药、雷管）、违法药品（毒品等）；

5. 低俗色情内容：穿着透视装、可以清晰看见内衣内裤的、只裹浴巾等、穿着紧身衣突出敏感部位，或者对敏感部位打马赛克等。男女过分亲密行为、展示敏感部位的自拍，故意做出挑逗行为的舔手指、特写嘴部诱惑动作、故意在运动舞蹈中大幅度抖动胸部、臀部等；

6. 宣扬不正当男女关系、在视频中故意突出一些男女偷情、多 P 或者不正当感情观的；

7. 类似炫富的点燃人民币、故意打砸昂贵物品来渲染视频效果，故意显示自己所谓“有钱人高人一等”价值取向的；

8. 对弱势群体的霸凌、欺辱，或者刻意卖惨、乞讨、索要钱财；

9. 违反交通规则、不安全驾驶行为的，比如酒后驾驶、不系安全带、严重超速、开车时拍摄视频、让宠物、小孩开车、儿童不坐安全座椅、故意飙车、占用非机动车道、应急车道的以及干扰主驾驶的行为；

10. 危险的户外拍摄，如在马路上自拍、火车轨道上跳舞、高空故意探出窗外、在人多的地方放烟花爆竹引发不安等；

11. 非专业人员表演户外高空跑酷、吃火、吞剑、不系安全绳故意探出室外、悬崖边危险坐卧等；

12. 在旅游景区或者公共场合乱涂乱画；

13. 残害、交易野生动物、虐待动物等；

14. 恶意曝光他人隐私的，如他人电话、地址、微信号、二维码和偷拍他人形象；

15. 传播封建迷信，如算命相面算卦、伪科学以及违反基本科学常识的内容；

16. 投机取巧等不文明行为，比如什么蒙混进景区、免费吃霸王餐等；

17. 买卖账号；

18. 危害自己生命安全或者妨害社会秩序的内容，如自杀、传销诈骗有关的内容等；

19. 消费自然灾害，触碰用户情感底线；

20. 涉外婚介、涉外劳务中介等。

以上列举的是比较容易出现的内容，其他违反法律法规、社会公序良俗以及社会主义核心价值观的，也都会被封禁。

而且抖音不但会对出现类似内容的账号进行封禁，还会配合公安部门，主动举报账号，追究相关责任人。

(二) 严禁出现危害未成年人身心健康的内容

由于未成年人心智尚未成熟，还不能判断一些较为复杂的情况，所以抖音特别推出了青少年模式。但是即使在这样的保护措施下，对于一些抖音相关未成年人的内容，也有严格的管控。

1. 未成年人穿着成人化

比如未成年人化妆、穿高跟鞋、带首饰、故意模仿成人的行为，在抖音平台上都是被禁止的。

很多家长或者视频制作者本来是抱着好玩的目的拍摄类似视频，但是这样可能给一些不法分子提供素材，也会让未成年人在无知的情况下被消费或者被成人化暗示，这都不符合保护未成年人身心健康的要求，所以会被直接封号。

2. 未成年人早恋

在抖音平台，早恋是不被允许播出的。涉及早恋的一些隐晦内容也在封禁之列。

更不用提未成年人牵手、暧昧等行为，都是属于封禁账号的范畴。

未成年人过早恋爱会耽误学习和生活，当出现情感波折可能会诱发出现未成年人不能自控的心理问题。所以抖音的这一规定也是出于保护未成年人的目的。

3. 未成年人校园暴力、炫富攀比、卖惨求帮助等行为

校园霸凌是非常恶劣的行为，会引发未成年人严重的身心受创，且是犯罪的基础形态，所以必须要严厉打击。

校园不是真空地带，一些社会不良习气和成人之间的风气也都会对未成年人造成影响，且因他们心智尚未成熟，更容易走极端，会引发更加恶劣的影响。

炫富攀比是不允许的，卖惨求帮助也是。打造良好的校园环境，保护未成年人不受社会不良风气的影响也是抖音一贯的态度。

4. 未成年人纹身、故意扮丑等

纹身是绝对不允许出现的，带有纹身的未成年人形象出现在账号内容，不管发布的是什么，都会被立即封禁。

而有一些未成年人通过故意扮丑引发关注也是不允许的，即使只是出于好玩的目的。未成年人的精神面貌必须是积极、健康、向上的。

5. 使用整蛊玩具或一些恶作剧对未成年人造成惊吓

有一些人认为“逗小孩”无伤大雅，市面上也有很多针对于未成年人的整蛊玩具。他们互相之间也喜欢用这种方法来进行恶作剧，但是这在抖音平台都是不被允许的，因为这种行为带有很强的高模仿性，一旦出现伤害，就是不可逆的。

6. 未成年人在未经防护的情况下做危险动作

比如被徒手抱起甩或者在高楼窗口等位置试图扔出等，或者未成年人进行类似杂技、高空行走等危险动作等，这些都会对未成年人造成危险，是不允许出现在视频内容里的。

（三）严禁出现搬运盗用的内容

有很多视频博主因为不太懂得如何拍摄和策划内容，又想拥有流量，就会从各种途径抄袭搬运盗用他人的内容，这是有违法律道德和公序良俗的行为，知识产权也是原创作者的心血凝集，搬运损害了原创作者的合法权益，同时破坏了抖音社区的风气氛围。

抖音鼓励原创和各种奇思妙想，但是绝对不鼓励搬运盗用。那么，什么样的行为算是搬运盗用呢？

1. 未经原创作者允许将其抖音内容保存下来发布到自己的平台上。这是严重侵权的行为，等于盗窃，一旦被举报并举证证实，该账号将被封禁。

2. 无版权、无授权，转载抖音平台外或者平台内的内容。虽然按了转发，但是如果是为了自己吸引流量，一样也是会被封禁的。

3. 录屏电视或者电影播放的内容，未经任何加工上传至自己的账号上。电影、电视都是很多人辛苦工作的结晶，抖音目前有一些点评或者速看电影的内容，一些是经过授权的，而完全未加工就直接上传的会被直接封禁。

4. 也是最值得注意的一点：出现抖音平台外的水印、特效等，都会被封禁。所以我们在上一章建议大家使用剪映，这样是比较保险的，不会被封禁。

二、抖音限流——审核如何判定搬运、广告营销、骗赞、负面价值等？

除了前述行为，还有几种行为可以被视为抖音严禁的红线雷区之外的黄牌警告，可能被封禁，也可能被减少视频推荐、账号视频搜索权重降低、视频不可见、禁止投稿等限流行为，账号可能需要十天十个新视频投稿才能被重新评估开放，也是很严重影响运营的行为。

那么什么样的行为会被判定呢？

（一）搬运

1. 完全使用或者搬运他人素材：这是很容易被封号的，也十分容易辨别。

2. 引用他人素材未加入个人观点：这是电影电视类容易出现的问题，必须有个人的观点和重新剪辑，不能简单编辑二次发布。但如果只是简单的贴纸、文字、背景音乐等很可能还是会被判定为搬运，而如果有剪辑或者混剪，在一段视频中加入了多个素材再加上自己的拍摄和解说，才会让审核通过。

3. 如上所说的有平台外的水印。

4. 冒充公众人物或者公众人物的工作室员工、经纪人等发布不实内容。

如果被误判搬运，也不用紧张，可以通过申诉找回，向抖音提交视频原素材的截图，包括时间地点等，然后提供剪辑过程工程文件截图，让审核人员可以看到剪辑过程中明显运用多段视频，不是简单拼接，而是有剧情重构的行为。

最后视频拍摄主角手持身份证清晰拍摄上传给抖音审核，如果有其他平台的发布，也可以提供其他平台主页来辅助申诉。

（二）广告营销

有人说抖音不就是最终会和广告挂钩吗？这样的理解是肤浅的，在后期的变现章节，我们会具体为大家解释抖音私域、公域和商域的区别。请注意以下的具体行为指的都是非企业用户，企业用户可以通过企业认证，就会避免因广告营销行为被处罚，并获得企业号多种权益。

在这里，我们只具体解释会被限流的非企业号违规的广告营销行为具体是什么样的。

1. 非企业认证号在视频中展示商家地址、联系方式或者二维码

这包括以文字或者音频形式强调商家店铺的联系方式，或者在视频中展示了线上店铺的链接或者网址，或者线下店铺的地点或者明显诱导用户可以用软件查询到地址等，以及在视频内容标题里提到具体的微信号或者手机号等联系方式的。

甚至没有出现以上内容，但是在店铺门头、店招、带有文字的背景前进行拍摄的，都会被判定为广告营销。

2. 非企业号视频中植入硬性广告元素，如商品打折信息、价格等

这里硬广的判定标准有：

（1）视频中表达自己是卖东西的商家本人，且视频里有商品展示，出现发货、订单、上新、爆款、定制等词语；

（2）视频中出现大减价、抽奖、甩卖、打折、买一赠一等词语；

（3）视频中出现商业活动+时间地点，促销、满多少减多少等词语。

3. 非企业号视频内容为好物安利并通过非官方的渠道进行引导购买

其实单纯进行好物推荐、开箱测评等内容，是抖音平台允许的。但是如果在发布过程或者评论区回复等中出现引流或者推广行为也会被判定为广告营销。具体的标准是：

（1）在视频内容中展示了商品的品牌、出现了商品和商品功效，且故意引流到评论区、关注列表中找谁等，都是不允许的；

（2）好物安利、种草、推荐，直接出现了商品，并且说出了要到哪个平台购买等，都属于违规行为，会被限流处罚。

除了非企业号，企业号涉及金融、医美等也会被视为高危广告内容，必须经过专业认证，而且也要受一定的管控，在后续章节中将会具体解释。而有关直播中的限制也会在直播相关章节加以具体阐述。

（三）骗赞、负面价值观、科普知识、引人不适内容限流等如何判定

1. 骗赞：通过在视频开始说“本视频结尾有惊喜（有亮点）”等骗用户观看完整条视频就属于骗赞行为，会被惩罚；视频内容全部是劝粉丝关注，在视频中引导客户评论指定性或者选择性的内容也属于骗赞行为，比如留下你的资料，会与你联系等等都是属于骗赞行为，会被判定违规。

2. 负面价值：展示打算自杀、厌世、负面情绪爆棚的，或者展示生活压力下戒毒戒赌等过程，展示奇怪的不良嗜好，开地图炮引发争议、对他人的不幸幸灾乐祸或者蹭热度拉踩的这些引发人的负面情绪的视频都会被判定为负面价值观，会被限流。

3. 科普知识安全：科普知识必须有专业的人员经过专业认证得到黄 V 认证，才能发布科普类内容，比如医疗养生、法律法规等，不允许民间偏

方或者“听说”“有个熟人”这样的“传闻类法律”等内容出现在未经认证的抖音平台账户上。

4. 引人不适：令人惊悚的比如恐怖灵异、血腥画面、一些奇怪的昆虫或者植物、密集恐惧等的画面、恐怖吃播等会因为“引人不适”被评级并受到限制，第一次发布往往不会受到处罚，但是频繁发布就会被平台惩罚。

三、抖音账号封禁限流后的申诉流程

前面列出的就是抖音平台封号或者限流的大致审核原则，但是有一点值得注意——抖音一般来说除非是涉及严重违法违规会立即封号，一般来说都会有一个从轻到重的惩罚规则，偶尔触犯，抖音都会先警告，然后用一些较轻的惩罚措施——比如减少视频推荐、账号视频搜索权重降低、视频不可见、禁止投稿等限流政策，且可以申诉。尤其是对于侵权等，抖音官方都会耐心审核，可以撤销一些被证实是错误的惩罚。而就算确实违规，只要同时满足例如“十天更新十个原创视频”等提交抖音重新评估账号等级，也可以恢复账号功能。

但是太过严重或者一而再再而三的违规就会被严厉惩处了。

■ 第二节　抖音的算法和推荐机制

——如何利用抖音推荐机制获取第一波流量

一、抖音的算法

抖音的算法是抖音之所以强大的基础。在过去的传统传媒时代，是媒体人做什么，观众看什么，后来进化为媒体人分析观众喜好，尽可能地贴

合观众的需要来推出内容，而如今由抖音推进了一个新的时代——就是你喜欢看什么，抖音就给你推荐什么。

那么，什么是抖音的推荐算法呢？

其实简单来说，抖音的推荐算法就是记录观看者的喜好，并进行数据分析从而为用户推荐内容的做法。被记录的数据有观看者喜欢看的视频类型、点赞的类型、评论的类型、观看的时长等；同时还会被记录的数据有视频本身的信息，比如内容、标题，还有视频发布后，其他用户与这个视频的交互历史——点赞量、评论数等。

这些庞大的历史数据汇总后，再和同类的视频观看者的数据汇总比较，将可能会被视频观看者喜欢的视频直接推荐到抖音的“推荐版块”从而引发观看者的兴趣。

这种算法并不是一成不变的，而是还在不停地加入各种数据分析以及大数据横纵向对比，让算法更精准地反应用户的喜好，并且更准确地将用户真正喜欢的视频精准地进行推荐。

二、抖音的推荐机制

抖音的推荐机制就是基于抖音的算法成立的，那么接下来，让我们看一下抖音的推荐系统的推荐机制。

凡事打开过抖音的人都知道抖音的首页上除了同城、关注外就是推荐，而一打开抖音，基本都会直接停留在推荐页，哪怕是第一次刷抖音的人都会看到推荐页。推荐页的目的是从每分钟几千上万条的更新视频和海量的已有视频中向用户精准地推荐喜欢的内容。

这种推荐一般来说会先基于客户填写的基本资料，比如性别、年龄、职业等特殊标签，也有用户自己选择的感兴趣的范围，后期会根据用户自己选择的关注、点赞、评论、观看时长等来再进行细分推荐，后期用户观看得多了，他的观看历史、搜索历史、粉丝属性、粘性等再来进行精准推荐。

那么倒推过来，什么样的视频号会受到抖音推荐机制的推荐呢?

1. 高质量的视频号：一般来说虽然点赞等不过是举手之劳，但是如果不能打动观众，这举手之劳也很难，所以自己的作品必须有足够的话题度或者高质量，吸引更多的点赞、评论、分享以及完播率才可能引起抖音算法的注意，从而推荐给观众。

2. 持续稳定的视频号：惊鸿一瞥的高质量视频和视频制作者，往往即使获得了较高的点赞量，因为不具有可持续发展也会很快被淹没在数据的海洋里。只有拥有良好的发布习惯，持续更新的，才可能有算法的数据积累，从而达到被推荐的可能。

3. 有独特风格的视频号：同质作品太多，抖音很可能推荐同类中的其他人的作品而忽略了你的作品，粉丝黏度高的视频制作者，才会被抖音不停地推荐给有同类喜好的更多观众。

4. 持续改进的视频号：所有的视频号都是在与粉丝互动，应与观看者在互动中不断学习、完善和进步。自说自话故步自封已经不是抖音新媒体的风格了，在与粉丝互动中让抖音算法大数据更快地增长，才能让抖音的推荐持续地运转。

在观看了一阵推荐后，抖音观看者的关注号会越来越多，关注页面就成了抖音观看者的一个定制内容，这中间也有算法在起作用，比如粉丝多的视频就会被排到前面。而用户的互动数据高的比如评论被回复多的也会被排在前面，这就是粉丝黏性。粉丝多，粉丝黏性高的作者也更容易被抖音算法推荐机制推荐给更多的精准观看者。

在推荐和关注之外，同城也是值得关注的，一般来说同城的新闻、同城的美食、新鲜事以及有价值的信息等只要注意标注好同城的位置等，也会吸引同城的粉丝，根据算法找到相关推荐，所以这里同城信息的输入和封面标题里同城的信息等也十分重要。

除了这些以外，在抖音首页右上角还有一个放大镜标志代表着搜索功能。随着抖音平台信息量的巨大储备，很多用户开始用抖音搜索自己需要的内容，而对他们主动搜索的内容往往具有很好的黏性和关注度。这是用户直接表达喜好的最好方法，抖音的搜索算法也是日益强大，会记载视频的各种特性和用户的精准需要，从而很好地达成匹配。这对视频制作者来说，把自己的特点说的越明白，被搜到的可能性就越大。比如视频上的内容文字是“绣球花叶片发黄是怎么回事”，这样如果和搜索者搜的内容完全一致，就会被放到搜索的前列，抖音搜索会利用自然语言处理系统，先将搜索内容精准分类，然后处理搜索结果排序。

三、基于抖音算法和推荐机制获取第一波流量的技巧

如前所述，抖音推荐机制的关键数据是四个：点赞量、评论量、转发量和完播率，而标签清晰、内容精准也更容易获得抖音的推荐。

那么基于这样的逻辑，有几个技巧可以让抖音创作者在试播阶段获取到第一波流量。

1. 封面设置清晰准确

有很多随意做短视频的人会完全忽略这个部分，会随意地由系统决定封面或者随意选择视频中的一帧作为封面，其实封面就相当于一个视频的脸面，在搜索或者推荐机制中，是一个硬性的数据。

所以在短视频封面设置方面，第一，必须绝对地清晰，方便抖音算法可以清楚地捕获到封面的信息；第二，要点出内容的核心，方便算法精准推送。

2. 标题清晰加标签

很多人起标题也是十分随意，但是其实标题也是方便算法找到视频的一个重要途径。标题的要求第一条就是一定要说清楚视频的内容，不可模棱两可；第二，不妨加一些抖音的标签，比如发布园林照片，可以加上“我的小院子”等等，方便同一个话题下的人找到这个视频，并且让抖音推荐和搜索机制起到精准推荐的作用。

3. 文案可以结合热点

要有共情心，比如贴近最近的热点问题或者热门词汇，例如内卷、躺平等，也都会在相关搜索时更容易被搜索到。文案和视频内容一定要相辅相成，甚至拔高，让本来平淡的内容更加具有话题感，引发观者的共鸣。

4. 背景音乐从榜单选

很多人都发现抖音已经成了流行音乐的一个重要阵地，其实这是因为抖音官方平台都会在一段时间重点推出一些曲目，选取这样的一些上榜的曲目，也会带来流量。粉丝在点开相关热门歌曲的时候，就有机会看到你的视频。

5. 积极参与官方活动

抖音官方会推出一些热门话题、挑战，积极参与也可以搭上算法的快车，进入推荐序列，并且能获得热点活动的流量加持。

当然以上这些必须建立在自己的视频是高质量、有可持续性、有独特风格、可持续改进的基础上，才会更加有效。

■ 第三节　账号初次发布的 Timing 和诀窍

——什么时间段发抖音最好、更新频率？F+X 法、正向法、爬虫法、大数据法

在已经懂得了抖音发布的基本审核规则后，倒回来看，你一定会发现之前策划的内容或者拍摄的视频有一些值得调整的部分。比如出现了管制刀具，或者出镜人的服装不符合规定等。

这些调整还是容易的，但是根据抖音算法和推荐机制，你更大可能会发现自己的视频还有一些值得调整的地方，比如之前定位不清，或者是无法和抖音大数据紧密贴合，封面、标题、文案、背景音乐等都值得调整。

可是如何调整可以达到较好的效果呢？我们下面会详细解释。

一、抖音初次发布的 Timing

在抖音初次发布前，制作者可以首先返回头，再次细化未来可能观看

抖音的用户画像，把之前忽略的细节全部考虑进去。举例来说，比如你是做旅游民宿探店类视频，之前大概你已经精准地估计了你的用户是“80后”“90后”这两个主要的年龄段，男女各半。

但是现在你就要把更精细的细枝末节考虑进去，比如是单身，还是情侣，还是已经有孩子的夫妇。针对于这几种不同的情况，在封面、标题上都要加上相关的标签。

同时，你还需要考虑这一类人群的时间点，比如占大数据较多的上下班时间、假期时间，可能的出游时间，出游方向，在后疫情时代，是不是3小时旅游半径的范围在同城推荐中比较合适等等。

每一类人都有每一类人固定的行动轨迹，这也是抖音算法所关注的。一般来说，根据前述抖音的统计大数据，观看抖音最常见的黄金时段是晚上21点。那么传统的黄金上传时间就是晚上的18~20点。而在一个星期中，周末的数据又要好过平时。

日常的上下班高峰时段其实是一个洼地。

但是比如如果你的时间精准锁定在一个“90后”上班族上，这样一个洼地也是值得利用的，毕竟在所有的上下班交通工具中，大部分人都在刷手机。如果针对于这样一个准确的定位，再用“逃离都市喧嚣”“偶尔让自己躺平”这类带有安慰和共情兴致的文案来做标题，你的视频也许将会得到意想不到的好数据。

当然，这并不排除你可以在黄金时段再发。

那么更新频率又该如何确定呢？首先一定要有规律地进行更新。如果想起来才更，再好的内容和带来的高流量也会被忘却。根据自己日常的安排，一定要有一个非常固定的频率。其次，从大数据来说，更新得频繁肯定要比更新得缓慢更好，因为这样更容易累计数据。但是单条视频的播放量大往往又比多条加起来大效果更好。建议可以根据自己的实际制作情况，维持一个固定的频率，日更、三天更、周更等等。

必须让观看者对你的期待不要落空，也让抖音大数据可以随时找得到你，以及分析的出你的数据，才会更好地打造爆款内容，打造成为抖音红人的第一步。

这里，必须再次强调一下，视频内容的专注度。也就是说类目要清楚，不能一会换一个跑道，比如你是做旅游的，可是做到一半又转去介绍美食，这看似相关，但是其实会让你的数据混乱、分散，得不到推荐和关注。

这也是试播的必要，有一些视频制作者在之前就在某个领域拥有一些粉丝和影响力，不妨可以先根据已有粉丝的特点详细画像，并且把初步制作的视频发给他们看，得到一些互动数据，由此再来修订自己的内容，再来正式上线，就会更有底气和把握了。

二、账号初次发布的诀窍

那么，有没有一些诀窍可以供抖音小白在初次发布视频试播的时候提升关注度呢？其实是有的，下面我们就为大家介绍几种。

（一）F+X 法

所谓 F 就是 FIX，固定。F 的意思其实就是你精准定位的视频类目和内容。一般来说，这些内容请务必固定，不要来回改换，甚至不要去触碰太多不必要的可能会引起类目分类混乱。

如果不明白这一点，可以先把抖音大 V 头部用户大致过一遍，你会发现他们几乎没有跨抖音类目的情况，而是从第一个较为幼稚的视频到现在已经较为成熟的视频，都会被抖音算法归类在同一个类目里。这是很必要的。

可是同一类目的内容浩如烟海，怎么能让别人注意到你呢？

这就需要 X 了，所谓 X 就是变量，也就是你自己独特的风格。这个 X 可以是你的人设、定位、性格，也可以是粉丝对你最感兴趣的点以及最近流行的元素等。

而这个 X 最好用一句话或者四个字就可以提出来，而且最好具有反差萌，比如“高冷学霸暖心男”，这样一个人设就会很容易让人记住你。

而有的人不清楚自己的人设，其实可以通过对粉丝的评论来得出，从粉丝较多出现的同样的评价关键词中去找到自己的人设，并且努力地突出它，从而起到增强粉丝黏性的作用，也能让自己脱颖而出。

而实在没有什么办法，最后一条，你还可以跟热点或者爆款，这里千万记得是跟，不是抄。这与在微博蹭热点等的操作方法都是一样的，首先你得找到热点，抖音的热点榜可以实时刷新一下，对于一些社会新闻、爆款抖音大 V 的内容、同类作品中值得借鉴的部分，都可以拿来主义，根据自己的内容重新调整结合一下，也能起到初次发布就能吸引一波流量的作用，同时也能让抖音算法发现你。

（二）正向法

抖音是一个提倡正能量的平台。对负能量的东西，抖音的管制很严格。一般来说，符合法律法规、社会公序良俗、社会主义核心价值观的内容都是抖音会加持的内容。如果一开始发视频不知道怎么推广，用正能量为内容加持的正向法不失为一个诀窍。这里主要包括以下几种内容。

1. 近期社会热点，符合主流媒体提倡的价值观的内容，都会得到相应加持

比如，疫情期间，为医护人员加油打气，给疫区人民送温暖，以及一些正能量的尊重居家令，同时用幽默搞笑的方式为所有人加油打气的内容，都会被抖音推送，而且这类内容关注度高，容易带来更多算法的垂青，从而符合推荐机制的工作原理，得到推荐。

2. 抓住节假日等重要节点

比如每年春节，阖家团圆，抖音转播中央电视台春节联欢晚会的数据也与日俱增，这是可预判、可预期的正向传播途径，可以实现策划好视频相关的内容，在准确的时机推出，也都会获得流量加持。

还有比如母亲节、父亲节、感恩节等也都可以推出容易引起情感共鸣的正能量话题，也会获得观看者的共情感，更多的获赞。

3. 传统文化推广

抖音对于传统文化的重视已经越来越清晰，传统文化中流传了几千年的一些精髓都传递着中华民族的美德，这一类的内容加入内容也可以提升正向能量，同时还可以让内容更有文化，更有深度。

比如李子柒、汉服等都是这一类。

4. 对于一些丑恶现象坚决说不

对于欺负弱小，虐待小动物等行为，坚决地予以抨击和制止。抖音关于宠物盲盒的视频成为热点就是因为这样的原因，对负能量勇敢说不，就是在提升正能量。

5. 提倡人人平等，关注普通人的善良美好

抖音打击炫富，也打击卖惨，但是对普通人的日常生活中体现出的真善美是大力提倡的。这一类的视频往往会获得更多的共鸣，比如 21 人合力抬车救出学生，再比如南京胖哥等，都是这一类的视频，也会获得高赞和高转发，高点击。

6. 正能量@大 V 转发

很多大 V 都愿意转发正能量的视频，只要你说得在理，而且打动人心，而大 V 们的转发等于是开了你的加速器，让更多的人可以瞬间注意到你，提升点击量。

（三）爬虫法

这种方法适用于在抖音之外就有一些粉丝基础的视频制作者。其实就是利用已有的粉丝基础统计数据的方法。

爬虫软件可以分析用户评论以及接受粉丝对内容的反馈。请注意，务必使用合规的软件，不可侵犯用户隐私的，仅就用户对视频账号的反馈进行数据分析。

这类软件有极搜客、八爪鱼等，都能够自动爬取评论，整理出热词，用户的反馈往往是最精准的，利用这些热词再回头对自己的视频优秀内容风格加以突出，对不好的加以删减或者取消，都是很有帮助的。

这一类软件的使用频率是一个月左右，不用过于频繁的使用。这主要是为了让粉丝评论多累计一些再进行分析，会得到比较准确的反馈。

这种检测必须是长期的。

这样的反馈再和自己预设的重点相比较，如果重合度高，就说明自己定位较为精准。

（四）大数据法

如果不具备爬虫法的粉丝基础，建议还可以使用大数据法。

抖音为每个新手小白都提供了创作者小助手的帮助，只要发布了视频，哪怕是零粉丝的账号，抖音都会提供专属的投稿周报，里面包含的数据有本周获赞次数，上周获赞次数，本周视频的播放数和上周视频的播放数对比，还会在朋友这一类目做出排行榜。

其次，只要你的粉丝数上一千，抖音还会提供专业的数据分析，但是这个需要一定的门槛才可以直接在手机端查看，不到一千的也可以在电脑端查看，我们会在后续章节里说明。

另外，这里的大数据不单指的是抖音的大数据，还有例如百度大数据和头条数据，还有很多新闻类、资讯类 APP 的大数据等，这里就解决了 F+X 法中有些人不知道自己的精准人群特点的问题，因为这些大数据会告诉你这一类人群例如他们的搜索高频词是哪些由此指出他们的关键兴趣点。

这类数据同时还会关注一些社会热点等的数据，把这两类数据结合，不但能很好地实现 F+X，还能实现正向法的社会热点搜集，对初次发布视频试播的视频制作者提供了一个科学的数据支撑，而且应该和抖音算法和大数据有一定的相似度，从而可以得到算法推荐，获得流量。

第四节　抖音视频的四个关键数据点分析及初期调整

——点赞、转发、评论、完播率及数据分析和调整

在做了充足的准备后，第一次发布抖音视频如何知道自己未来的调整方向在哪呢？我们可以通过四个立刻在客户端看到的数据来适时调整。这四个数据也是抖音算法和推荐机制最重视的数据，不要妄图通过买号或者骗赞等数据来获得，因为这种行为获取的数据如果相关匹配度不正常，也会立刻被抖音审核发现。

如前所说，只有高质量、有可持续性、有独特风格、可持续改进的视

频才会有效获得真正的流量，走上从小白到抖音达人的正路。那么，这四个数据的背后分别代表着什么呢？而这背后数据分析又该如何做呢？我们就来一一阐述。

一、点赞

这是抖音最常见的数据，也是四个数据中数值最高的一个。但是获得高赞并不是一件容易的事情，必须要有高质量的内容来支撑。

一般来说，视频内容的爆点有两点具备，或者单独具备其中一点就会获得点赞，这就是一般意义上最常见的笑点和泪点。

所谓笑点就是引发人开心的内容，前面分析过抖音红人们头部用户中很大一部分都是这个类型的，在紧张的社会中能让人笑出来往往都会很快成为热点。

在制作视频时，要充分考虑到视频的开头和结尾部分，因为短视频的时长很短，不允许有太多铺陈的过程，前面爆款内容讲过，最好是五秒一个爆点，最后出现反转等。

而反转用泪点，也就是让人感动的点，获得点赞的可能性会很大。而如果单纯让人感动，倒不妨把节奏可以稍微放慢，到中后部再来引入泪点。

这主要是因为人对于感同身受，需要一定的时间。

但是切忌不要用劣质的包袱或者笑料来创造笑点，更不可以用卖惨等无下限的手段来创造泪点。

必须在充分分析观众的基础上，在视频内容上搔到痒处，让观众真的觉得开心或者感动，按下点赞。

这样的观众才会是忠诚的，有黏性的，并且会在后续数据上有所表现。

二、转发

转发就意味着视频观看者愿意把这内容转到自己的个人主页，留存这些内容或者愿意分享给朋友看。这是比点赞更高的一种夸奖。

那么，这一类视频除了笑点、泪点之外，可能还会具备知识点。

因为很多人刷抖音都是在使用手机的碎片时间，可能觉得很有用，但是来不及仔细看，点赞的视频又比较多，担心回头找不到，所以就干脆转发，然后留着慢慢看，或者跟家人朋友分享，来了解讨论视频的内容。

转发意味着更高的认同，所以低劣质量的视频一般就算能逗笑观众获得点赞也很难获得转发。而抖音在考虑用户转发的同时，会将此类内容推送至“朋友”版块，这样视频观看者的朋友也都能看到这一条。

一般来说，物以类聚，人以群分，这条视频也就会获得更多有同样喜好的人的点赞或者再度转发，引发核爆一样的效应。

所以这一类视频必须有很强的知识点或者话题性，或者是具备比较高质量的例如画面很美、音乐优美、输出内容有品位等的特色。

这一类在时事类、热点类视频中中也容易凸显出来，所以这个数据也会被抖音格外重视。这是一项免费的扩散视频影响力的硬指标。

三、评论

评论对于视频制作者至关重要。因为评论就是对这条视频最直接的反馈。抖音视频制作者和观看者最直接的沟通就在评论里。

这里特别要注意，不管是夸赞的评论或者是批评的评论，都是十分重要的，也都是在帮助抖音创作者进步。

前面已经说过，抖音创作者可以用一个月的时间，用爬虫软件观测评论最常出现的关键词来找到自己的 X 变量，也就是自己的风格以及观众们最喜欢的内容。

也可以在评论区回复观者的留言，而达到增强粉丝黏性，并且让粉丝对未播出内容有所期待，即使刷不到你，可能通过搜索引擎搜索你的可能。

评论就是抖音吸粉、固粉的一大关键途径。如果不能黏住粉丝，即使前面的视频做的再好，但是一是无用功。对于整个账号的运营，评论是非常重要的，可以说是整个账号运营的基础。

不重视评论的账号注定是不长久的。而没有评论数，光有点赞和转发等，抖音算法和推荐机制也不会重视推荐你的账号。

必须要明白的是，抖音算法更注重于观者的爱好，能花时间来评论的人，每一个，都是值得重视的。

在抖音内容中除了设置笑点、泪点、知识点、热点之外，也要设置一些互动点或者是吐槽点，才会引发大幅度的评论。有争议其实对于抖音视频制作者来说，是好事。

只要有足够多的的人评论，就会获得最直接的数据，有利于自己进行改进或者找到更好的点，获取更高的流量。

四、完播率

有很多人都会忽略这个数据，以为点赞、转发、评论够多，自然也就是爆款视频，可是如果抖音观看者在某个视频上停留的时长很短，完全不足以看完这个视频，前面的所有数据都会被视为造假。

所以，一定要在视频拍摄的时候让人有欲望看下去，而不是一看开头就知道结尾，或者和其他视频同质性过高，让人觉得是雷同的，即使抖音并未判定搬运或者是侵权，但是如果大同小异，也一样会影响自己的完播率。

抖音视频很短，如果连这样短的时间都不愿意停留的观看者，也一定不会成为你的粉丝。

所以你自己也一定要注意这个数据，如果不够理想，就要充分思考为什么，并且有针对性的做出改变。

五、数据分析

明白了以上四个数据，我们就可以来关注一下自己账号的数据分析，数据分析在手机端是需要满足一千粉丝数和最近一周投稿天数不小于三天的两个硬性要求的。

如果没有达到，这里有个小窍门可以告诉大家：那就是在手机或者电脑的浏览器搜索抖音创作服务平台，登录抖音账号后，在页面左边点击数据总览，点击立即解锁就可以开通视频数据权限了。

当然如果你通过试播已经累计了一千以上粉丝数，以及最近一周三天都有新视频上传，那么恭喜你，你可以直接在抖音 APP 后台直接开通创作者服务中心的数据分析功能了，你会首先看到这几个关键数据了：包括新增播放、新增点赞、新增粉丝。

而点击数据概要，还可以看到账号诊断总览图，用红线标识你的账号，蓝色标识你的同类账号，从播放量、完播率、互动指数、点赞量、分享等五个方面来清晰地分析你的账号。

而点击作品数据，针对具体视频就能清晰地看到观看者平均播放的时长，下方的观看分析还能清楚地标明是从你的视频几秒开始，观看人数比例开始降低，你也就能准确地知道自己的视频是从哪里开始让观众丧失兴趣的。同样的，蓝线也会标出同长度热门视频的观看人数占比分析。如果基本重合，那么说明你的视频即使没被播完，也是类型造成的，如果出入较大，就可以找一下自己的问题了。同时你也可以在迅速降低的节点，来反省视频的内容进行调整。同时下方还有每日播放量统计、点赞统计、评论统计和分享统计的线形图，也能充分地说明这些关键数据与视频之间的关系，从而分析出视频的问题。

而最右边的粉丝数据包含的有粉丝总数，粉丝热门在线时段，粉丝近七日的净增量，下面还有粉丝性别分布、年龄分布、兴趣分布、活跃度等非常明确的图示。

而这里面值得注意的是粉丝兴趣分布，请务必查看下与自己预设的内容类型是否重合，如果偏离太多就说明定位已经错位了，务必要修正过来，或者重新选择方向。

介绍完了以上抖音新手试播的细节，相信大家都会发现自己之前策划的内容、拍摄的视频都还有不足之处，不妨在此时回头再检查和仔细地调整一下，然后我们就可以进入正式运营阶段了。

当然，很多有天分的抖音小白，在初次上线时就获得了不错的成绩，这样的试播就很自然地过度成为正式播出。而有一些不够幸运的人，经过调整，也可以在正式播出后再度获得机会。

试播的环节就是为了让小白们适应一下抖音的生存环境，让大家明白抖音哪些地方能碰，哪些不能；哪些顺风车可以搭，抖音背后的推荐机制是如何工作的，然后再利用一些例如 F+X 的窍门等开启第一波流量，然后再通过点赞、转发、评论、完播率四个关键数据再度调整。

我们的吸粉之旅也就是正式运营就可以真正开启了，从小白到达人最关键的一步也就进入了真刀真枪的实战阶段。

第五章 涨粉（运营）

从只有零星几个粉丝到粉丝成百上千万，从小白到抖音达人，是抖音账号运营的最终目的。可是头部用户永远只有少量的20%甚至10%，大部分人都会被淹没在短视频的海洋里，成为只拥有几百几千甚至不过上万粉丝的普通账号。

那么，如何涨粉呢？本章将为你揭开这里的一些关键性秘密。

而所谓涨粉其实也就是抖音账号运营的过程。上一章试播可以称为抖音账号的试运营，而这一章就是扎扎实实地进入了抖音账号的正式运营了。

第一节　首轮吸粉是成功的一半

——抖音热度加权和叠加推荐机制、爆款视频自检标准、马上成为爆款的诀窍

一、抖音热度加权和叠加推荐

为什么说首轮吸粉就是成功的一半呢？这是因为抖音算法对所有用户

的头五条视频都是十分重视的。如果你发布的前五条视频播放量不超过100，则抖音平台会默认你的视频号是低流量号，无法进入推荐机制；如果超过300，才有可能进入低流量池；如果一个月内都未超过300，这个账号也会被列入不推荐号；如果超过1000，则有可能进入中高级流量池，获得推荐。这就是抖音的热度加权。

抖音在获取最开始的初始流量后，还会细分视频内容的四个关键数据，也就是之前所说的点赞、转发、评论、完播率。而这个标准是按照完播率>点赞量>评论量>转发量来权衡的。

抖音的推荐机制是叠加式的推荐，就是会有首轮、二轮、N轮这样的顺序，首轮一般来说会获得200~500的流量。如果首轮推荐后，你的四个关键指数上升很快，那么二轮就会分给1000~5000的推荐量，还是反馈很好就会以此类推。等分配到几万几十万的流量，这条视频就可能成为爆款上热门了。

这就是一般所说的流量加持，而所谓的降权就是减少推荐。在初次发布抖音视频的时候，能得到热度加权和叠加推荐无疑就是抖音小白走上达人之路的加速器。

所以说首轮吸粉运营，头五个视频的流量以及头一个月的账号运行成绩至关重要。

二、首轮爆款视频自检标准

正是因为抖音这样的推荐机制，所以本书推荐在正式进入吸粉运营阶段之前先试播运行一段的原因。一开始的视频一定是各种不完善的，有些人也会选择现在朋友圈或者是其他短视频平台进行试播测试，那么经过试运行进入正式运营的号要如何确定自己准备好了呢？可以按照以下几个条件进行自检。

1. 你的账号头像、简介和视频封面、标题、文案是否清晰并且风格一致请注意对于一个新号来说，辨识度和统一度是非常重要的。如果你的账号名称辨识度不高、简介几乎没有，封面图案不容易让人记住，标题文案很难分类，就基本没有爆款相了。

一定要在正式上线前反复自检，确保至少有一定的记忆点和能说明自己到底属于哪个类目的基本风格。

另外，风格统一也是非常重要的。比如你是个萌宠博主，可是你的头像是一朵花，抖音就不知道该怎么定位你。

而人物的大头像除非你对自己十分有信心，且以后出镜都是这个头像，才可以设置，不然也会被很快遗忘。

头几条视频的标题和封面也必须清晰可见，不然很快会被划走以及让抖音不知道怎么分类你。

在起标题的时候，同时#一些挑战话题，是有效的帮助手段。

朋友圈视频和抖音视频的关键区别在于——你朋友圈的观众都认识你甚至熟悉你，且很多对你有感情，而抖音是个全新的平台，你首先必须清楚地说明你到底是谁，你又到底要表现什么，这是最基本的。

2. 你的视频爆点有没有？有多少

就如我之前所总结的，你的视频最好在一开始就能吸引人，而且不断叠加爆点，爆点可以有笑点、泪点、知识点、热点、互动点、槽点，但这六点至少居其二三，才有成为爆款的可能，如果只是类似日常生活的记录等，除非你是明星或者在其他领域已经有影响的人，基本不可能引起太大关注。

一定要提高自己视频的品质，不能靠“命”或者什么“同样的视频发第二次就会火”的迷信来提高自己的关注度。要想做好一件事，起码要先让自己确实具备做好事情的基本能力，才可能吸引陌生观众的支持。

3. 你是否至少准备了五条以上的视频

因为抖音的推荐机制，头五条视频至关重要，而头一个月的播放量也十分重要。这里的五条视频不一定是第一条视频上传的时候就全部准备好了，而是起码要在一个月以内的时间，能够有后续的几条产生，且保证和第一条爆款视频差不多的品质。

机会往往只垂青有准备的人，随心所欲，但是缺乏后续是不可以的。

4. 你的视频是否可以成系列

你发布的前几条视频就算没有都成为爆款，但是只要其中一条能进入抖音的推荐池，就一定要做后续系列。这样一来，你就能稳定住抖音的算法推荐，而成系列的视频会黏住原来看第一条视频的人，成为你的忠实粉丝，并且让你稳稳收割第一波流量。而且在后续视频火了之后还可能被人沿着系列找到前面的视频观看，提高点赞、评论、转发和完播率四大指数。

5. 再次检查有无违规内容

抖音对于违规账号会立刻予以降权、减少推荐或者搜索不到的惩罚。很多人开始为了一鸣惊人，往往挑战规则，走在红线边缘，这是很冒险的行为。一旦被降权，再想恢复，等于从头来过，前面的所有努力都白费了。

三、马上成为爆款的诀窍

1. 广泛宣传，带来原有粉丝

互联网不是一夜造成的金字塔，而视频制作者们往往也在自己的专业领域有一定的粉丝积累。在设置抖音账号，打算进行正式运营吸粉的时候，带来原有粉丝是个最省力也最容易获得首轮吸粉以及流量加持的办法。

不止是普通人，刘德华等明星和公众人物进行抖音账号的初始运营，也都是广泛宣传，甚至让很多抖音红人帮忙宣传，才会获得第一波抖音粉丝的。

2. 参与挑战、擅用道具、背景音等

这是抖音为小白们提供的福利，可以轻松上手，也可以获得流量的加持。

但是千万记住不要只是简单的模仿或者套用，必须加入自己的创意，以及牢记自己的账号运营的类目，不能轻易改换，在这样的基础上，发挥自己充分的创意并且广泛传播，获得关注。

3. @大V

很多人认为@大V的行为一般不会被回复，其实未必，比如明星陈赫在一场综艺节目中吃小龙虾，有一位以厨艺为主要内容的抖音博主就发了一条自己制作小龙虾的视频，并在标题上@陈赫，没想到陈赫本尊看到后回应了，于是“陈赫被抖音上的小龙虾馋哭了”登上了抖音热点榜，而这条短频制就轻松地成为爆款。

很多大V也在关注普通用户的回复，只要够有趣、好玩、独特，也能成为一种快速吸收首轮流量的办法。

4. 创意SLOGN等独特传播方法

用独特的视角，尽量减少与同类海量视频的同质性，不管是语言、拍摄画面还是一头一尾的设置都要有自己独特的创意。

尽量有自己的SLOGN，在开始时都说出来，如果比较有创意也比较容易被人记住。也会被不停地模仿翻拍，也是很不错的首轮爆款吸粉方法。

5. 利用DOU+工具上热门

这是抖音的一项付费推广手段，所谓DOU+其实就是抖音官方平台推出的一款视频加热工具。

分为速推版和定向版两种。一般来说新用户可以花50元推送给2500+个人，或者花98元推送给4900+的人，也可以自定义5000~10000000人，支付相关的费用就可以做到。你还可以选择希望提升的是点赞评论量还是粉丝量，定向版里你还可以决定投放时长以及由系统只能推荐或者是自定义定向推荐给相关的用户。新开账户建议选择达人相似粉丝推荐，这里面的达人可以选择十个互动量高、较为活跃的达人，可以选择会获得更好的流量。而投放的时长可以根据自己财力界定，500元以上的建议投放6小时以上，让系统可以更多的推给更广泛、精准的客户。

DOU+虽然花了钱，但是也不失为初期吸粉的一个成为爆款方法，只要你有足够的质量和信心，钱就不会白花，且能获得回报。

■ 第二节 二轮吸粉 核爆式吸粉的内核

——视频的互动能力、后续能力、复制能力、迭代能力、话题能力

完成了首轮吸粉后，虽然获得了一定的流量加持，但一般来说，点赞量会是最高的数据，而其他比如评论、转发却不足。这是因为新手视频制作者的粉丝累计不足，就算视频很亮眼，但是点赞之后，观看者未必会成为粉丝，而他们也可能很快遗忘掉你的账号。那么如何形成核爆式吸粉，让粉丝迅速成长呢？

那你的账号就必须具有四种能力。

一、互动能力

这里的互动不单单是指回复评论等，也不单单是指和粉丝的互动，而是包括比如上节提到的与大V的互动、明星的互动、公众人物的互动乃至抖音红人头部用户等的互动。

不但可以从自己的评论中寻找粉丝，也可以在大V们的评论中获取高赞，博得注意，从而让大号愿意带你或者转发你的视频，你也能获取更多的粉丝和流量。

而维护好自己的账户更是责无旁贷。从高赞视频中分析粉丝喜欢的点到底在哪里，然后在后续视频中不断地加强和突出这些点，也能让粉丝核裂变式增长。而在自己视频中回复评论已经是基本动作了，这种互动能力也必须加强。

同时也可以向一些快速成长的号学习以及互关，这样有些人在抖音上搜索他们的时候也可能同时搜索到你的账号，曝光率增加，也可以获得更多的粉丝。

二、后续能力

有一些电影、知识类的视频制作者在这方面就做得很好，比如点评一部大热的综艺或者是某种专业知识，都具有连续性以及后续能力强的特点。只要你说得有理有据，粉丝想知道后续就会关注。

切忌做一些虽然看上去很美、很好，但是千篇一律，看一个视频就知道后来是什么的视频类型。

后来怎么样了？这样的好奇，对粉丝的吸引是很大的。所以在更新频率上也要注意，既不可以拖得太长，导致粉丝都忘记了前面是什么，也不可以跟得太近，马上知道了答案，粉丝就没必要继续关注了。

在粉丝可以忍耐的时间里更新完毕，并且完整地展示出自己的风格，粉丝就会关注你后续的内容，同时可以在视频里做一些后续内容的预告，以此来增加粉丝粘度。

这种在搜索端也是很重要的一个能力，后续能力突出，比如更新比别人早，那么在搜索端就能占到先机。及时且有风格的输入后续，是很快能核爆式吸粉，形成好口碑的有力手段。

三、复制能力

有人说最好的粉丝不是点赞的粉丝，也不是转发、评论你的粉丝，而是复制模仿你的粉丝。

这在抖音的平台上还真的是一条通用的规则，这里的模仿复制不是指搬运等低劣行为，而是在你设置的基础上，可以让其他人轻松模仿。比如之前提到的一些 SLOGN，就是一种可复制的能力，或者一句流行语，只要被粉丝们引用，尤其是一些有影响力的粉丝，就会形成核爆级别的传播。而每次观看包括这些粉丝视频的人就会联想到发明这句 SLOGN 或者流行语的你，从而也再次为你增加曝光量和粉丝量。

在视频制作的时候，其实没必要设置过于高大上的门槛，而是可以故意设置一些可复制的情节或者画面，而且有你鲜明的个人风格，这样他人为了模仿得像，就会更加卖力地去复制和模仿并且进行传播。抖音最开始的道具等等其实就是出于这种复制能力设置的。

不用担心你的创意被偷走，而是欢迎大家在学习你创意的基础上，积极复制并发挥，反而会帮助你获得更多的粉丝。

抖音的挑战功能就是基于复制这个能力来设置的，用各种创意来达到复制和挑战的目的，就能让复制成倍的增长。

四、迭代能力

你会发现复制能力一旦被解锁，也会有一些很有创意的粉丝比你的原版制作还要更加精良，这时候你的迭代能力就十分必要了。

你可以打破自己原有的套路重新拍摄，更可以在原有的视频风格套路上再加以改进升级，也就是所谓的迭代。

就像手机会升级，视频账号也要懂得升级。在原有的设置中再加以你从粉丝那获取的互动中最受关注的点，提升复制的另一个维度，让自己的视频更加贴合热点或者更加符合粉丝需求。同时在一些方面有更加亮眼的表现，都是迭代能力的体现。

比如李子柒，最开始的视频虽然和后来的风格基本类似，但是明显看得出来，运镜更加成熟，而且内容更加流畅，包括主要人物的形象、服装、化妆乃至整个场景还有拍摄时的声音收取乃至视频文案、背景音乐等都更加成熟。

这种能力基本还能杜绝搬运，因为当你已经更新迭代到下一个受欢迎的风格，大家又会跟随这一种风格，再次吸引来更多的粉丝。

五、话题能力

这是最高的一种能力，也就是说你的视频本身可以引发一种话题或一种关注。这和视频的系列化是分不开的，可能需要较长的时间。

但是一旦形成，就会自成一家，稳定吸粉，并且不断核爆裂变式发展，可以创造出一些关键词与账号相关，比如李子柒就是传统文化的精华表现等等。

一旦有了这样的话题度，就会衍生出很多子话题，比如她制作泡菜的时候，被韩国网友DISS，由此引发了中韩泡菜溯源，以及各省泡菜大比拼以及各种文献关于泡菜的记载乃至一些文化传承的讨论，这样的能力带来的粉丝就是非常巨大的了。

其实所谓核爆式吸粉简单地说就是如核爆裂变一样的效果，从很微小的地方爆炸出巨大的能量。但是首先，请务必注意你引发核爆的手段再高明，也需要核爆的内核是高质量的，经得起考验的。

而在这样的裂变中可能引来的是粉丝，也可能引来黑你的人。但只要记得，抖音平台是倡导正能量的平台，你的视频本身是符合这一标准的就不用害怕。而且引发争议其实也是抖音吸粉的一条途径，有时候还会起到意想不到的效果，同样会核爆裂变式吸粉。

经过了第一轮和第二轮吸粉，你的粉丝数量就会进入一个比较合理并且能获得抖音流量池推荐的机会了。

这样的数据其实有时候会十分惊人，比如十天就能达到百万粉丝等等，但是粉丝量的巨大并不意味着这个账号运营已经达到成功的地步，接下来还需要进行固粉以及突破粉丝瓶颈等一系列操作，让账号确实稳定地增加粉丝并且稳定住数量，点赞、评论、转发、完播率合理成长，才会成为真正有效的抖音大V账号。

■ 第三节　固粉才能夯实基础

——如何面对粉丝的不同情绪、如何回复评论、如何调取有效粉丝数据

拥有的粉丝数会是固定的吗？当然不可能，面对掉粉这种事，其实很多大V们都经历过坐过山车一样的心情。吸粉固然重要，而固粉，也就是提高粉丝黏度更是重要中的重要。

有一些试图走捷径的人以为接手了一个有百万粉丝、千万粉丝的号就可以一步登天，这不但是违反抖音规定的，也是基本不可能的。

毕竟对于粉丝来说，取关，也不过是在屏幕上动动手指而已。

所以固粉其实是抖音大V在吸粉之后更看重的运营工作。

那么，如何能固粉呢？

一、如何面对粉丝不同情绪

很多人都以为自己播什么，粉丝就看什么，这在过去的传统媒体年代是可能的，但是在抖音算法和抖音平台却是非常不正确的一种认知。必须达到与粉丝的共情，才可能让抖音账号进入良好的运营期。

那么一般来说粉丝都会有什么样的情绪可能在抖音平台出现呢？

（一）寻求开心正面情绪

这一类的粉丝其实是很多的，从抖音头部用户中以及抖音较受欢迎的短视频类目中就可以看出。现代生活节奏迅速，在一片内卷与躺平之间的呼声中，大家都希望能获得一些开心、正面的情绪。

而抖音平台也十分倡导正能量，所以这一类视频获得的权重和推荐也会更多。

给予粉丝充分的刺激，让他们开心一笑的视频也会让他们更多地增加

对账号的黏性，这样的视频其实是多种多样的，比如小剧场、比如萌宠、比如美丽的风景、美好的人、旅行、美食等，都能引发这一类情绪的共鸣。

而提倡正能量的一些新闻、观点也能给粉丝带来刺激，但是不是说就不能出现负能量呢？其实也不是，如果出现负能量，最终给出解决方法，回到正能量的途径上来，也是可以的。

视频制作者面对粉丝的这种情绪一定要积极的去满足，而不要为了追求自己的风格，故意背道而驰，获得了情绪满足的粉丝一般来说会持续关注，不会轻易脱粉。

（二）寻求支持了解的情绪

抖音的头部用户分析中其实可以看出，过度阳春白雪的视频制作者一样很难拥有大量忠粉，而接地气、日常生活常见的抖音视频制作者往往会受到更多的关注。

这是因为日常生活对广大的抖音用户来说更加亲切，可接触，而蕴含于日常生活中朴素的道理比很多高深的理论更容易获得观看者的共鸣。

所以抖音视频账号的内容哪怕具有再深的内涵，都需要深入浅出地表现出来。用了解、支持的态度来面对粉丝的情感需求，而千万不能出现批评，甚至居高临下式的指点。这样就会引起断然地脱粉行为，瞬间让前面所有的吸粉努力都成为白费。

请视频制作者务必明白，自己和每一个看视频的人都是普通人，是人就会有弱点，比如会觉得疲惫、容易陷入抑郁等，这都需要视频制作者耐心地给予了解和安慰，把可以共情的点充分地体现出来。

而不是忽略观者情绪，只顾自说自话。要把观者当成自己的朋友，能够感同身受，就会获得真诚的交流，以及让观者成为真正的忠粉，并且给予充分的互动，达成有效的交流，从而把视频制作得更好，与粉丝形成和谐正向的循环关系。

（三）寻求新奇、知识点的情绪

抖音制作者要想让自己的视频不让粉丝产生厌烦，就必须有值得粉丝们停留的点。除了能给他们带来快乐，理解他们，增长他们的知识面，满足好奇心也是一种很重要的情感满足。

这类的需求多出现在一些新奇、知识类的视频，这一类视频在近年来涨粉惊人，而且比起很多其他更具娱乐性质的视频，粉丝黏度非常高。而且这一类的粉丝评论、转发、完播率也都非常高，因为内容直击粉丝的需要，这一类的视频搜索度也是很高的。

寻求新奇、知识点的范围其实十分宽泛，大到哲学、历史、医学、金融，小到美妆、时尚、生活小窍门，都会获得粉丝持续地关注。

那么如何让这一类的情绪得到满足呢？首先你传播的知识一定要货真价实、真实有效，而抖音对这一类中尤其是科普类、金融类、医学类的博主管控得十分严格，所以不要妄想没有专业技能而通过这一类耸人听闻讯息获得粉丝。

其次，必须经得起时间和实践的考验，一旦被发现这些内容经不起推敲，脱粉回踩也是常见的，且对这个账号的打击是毁灭性的。

最后，不要老调重弹，炒冷饭，一定要加入自己的观点，不然一来可能被认定为侵权或者搬运，二来粉丝也会很快失去新鲜感，迅速脱粉。

（四）寻求情感升华、希望获得启迪的情绪

这种情绪比支持和了解更高一个维度，很多情感类博主就是把握了粉丝的这种情绪而受到了欢迎，收获了稳定的粉丝群。

很多问题其实是每一个普通人都会遇到的，但是在支持了解之余，如何获得情感的升华，找到解决之道，至少是能被开导到一条更宽阔的道路上都是一种学问。

这不单可以在视频本身找到，更可以在评论和与粉丝互动的一切渠道中能让粉丝感觉到账号主体人设的了解支持和启发，都会迅速收获一群忠实粉丝。

这就需要账号主体本身真的有真才实学或者是确实在一些问题上具有自己独到的看法和解决途径，用自己的人设魅力去感染受众，也就由此会获得长久和忠诚的支持，不会被轻易脱粉。

（五）寻求美、萌、爽点的情绪

最开始的抖音达人大部分被称为网红，而这个词大家一般都会跟长得漂亮打扮时尚的小姐姐挂钩。

而随着抖音年度调查数据的进一步更新发现，初期的网红小姐姐们变成了汉服小姐姐、时尚女魔头或者运动小鲜肉，乃至美丽的景色、美妙的传统手艺、美好的生活方式等等，所谓美的宽度和深度都在不停地扩大。

而美点能一直吸引观看是毋庸置疑的，独特的美也会让粉丝有忠实度。这里特别提一点，抖音一直对中国传统文化，非物质文化遗产传承等有流量加持，汉服等也在此列，可以作为一个不错的要素加入自己的视频内容里。

除了美，一些萌物比如可爱的小猫、小狗等还有可爱的孩童等也都有很好的粉丝基础。这些天真可爱的小生灵都会给人持久且新鲜的刺激，会引发喜爱者长久的关注。

还有一个特别的点，就是“爽”，前面已经介绍过，“爽”是很多人想做而无法做到，或者想做而不敢做的，但是又是有普遍共情性的。而“爽”这种情绪会让人不停地感受到情绪刺激，也就会更强烈的被人记住，并引发共鸣。比如一些体育赛事的解说就是因为把这种爽点彻底放大才具有强烈的个人标签而被人记住，还有一些挑战类视频也是如此。

不管美、萌还是爽，一旦粉丝对这些点开始出现很大的兴趣就一定要想办法全方位地加强这种情绪共鸣，而让粉丝牢牢记住，甚至会进一步传播给更多和自己有同样兴趣的人。

二、如何回复粉丝评论

（一）真诚回答，拒绝套路

对于刚开始做短视频的视频制作者，及时回复粉丝评论是最基本的事情，而对于大V们，及时与粉丝们互动也是非常重要的固粉手段。

在评论不多的情况下，尽可能地都回答是一个好习惯；如果太多，在高赞评论下予以回复也是必要的。

请千万记得回复不要以高高在上的姿态，或者敷衍了事的态度，要真诚地把粉丝当成朋友，哪怕是简单的回答，只要是真诚的，就是好的。

另外在评论中请千万不要戏弄粉丝、套路粉丝，一旦被发现就不止是失去一个粉丝，而是会引发退潮式的大批脱粉。

哪怕被误解，真诚解释就好，不能置之不理或者故意报复捉弄。一个账号的人设是长期经营的结果，多在粉丝心中留下好的一言一行，哪怕是细小的事情，也会获得粉丝真诚的支持。而偶尔的泄愤、放纵也可能让千里之堤毁于蚁穴。

（二）将负面评论转化为讨论，转危为机

视频火了之后，一定会出现两种声音，一种是正面的，另一种是负面的。千万别以为负面就是不好的，恰恰相反，有时候负面评论能带来的正面效应比正面的评论还要多。

比如一些负面评论可以直言不讳地提出视频的问题，这在后期就可以得到修改，一些负面评论会让人反感，导致正面评论的粉丝 DISS，这也是一种流量。

而最有价值的负面评论就是能引发讨论的，这时候作为账号的主题就一定要学会引导这种讨论，把一场危机巧妙的转化为转机。

让大家在讨论中发现视频的多个侧面，也可以超脱视频之外，发现粉丝心目中的一些基本的痛点，并且与之相关产生的交锋。

只要有讨论的点就说明事情本身就是有价值的。而深度参与过讨论的人，都会对这个话题、这条视频、这个账号主体产生深刻的记忆而由此成为忠实粉丝，下一次还可能再度参与，由此获得抖音的二轮、N 轮流量加推的基础。

（三）互动投票，增加视频生命力

当评论区的讨论争执不下怎么办？加一个互动投票置顶会是一个很好的办法。很多人是不愿意长篇大论的讨论，但是手指一点，表示下自己的观点是容易的，这样也有利于让讨论最终回归到理智的轨道上来。

互动投票的选项可以从粉丝的言论中挑选，就更会让粉丝有参与感和忠诚度，而且这会促成他们将这条视频、这个账号传播出去让更多的人看到的举动，也会呈核爆裂变级数的吸粉。

很多热点新闻都会在下面设置类似的互动投票，也是这个道理。

互动投票到一定时段结束后，还可以将这种投票的结果再次创作一个视频和粉丝深度互动，由此进一步达到固粉的目的。

但是请注意不要充当意见领袖的角色，而是如实的表达粉丝的想法，不必过多重复自己的观点，才能让自己的账号更具生命力。

（四）向粉丝求教，提供创意话题

抖音平台的粉丝不但是观看者，也是经验丰富的视频内容主导者，尤其是长期观看某一类目的粉丝，有的可能已经成为某一领域有丰富观看经验的品鉴官。

向粉丝求教，请他们提供一些创意话题，也是一种非常良好的互动。这一行为等于满足了粉丝定制内容的要求，他们当然也会很期待新的内容而且成为固定的粉丝，不会轻易取关。

而这样经过粉丝提出的话题往往对其他粉丝也会有触动，等于是按需定制，满足类型客户需求，也会更有生命力，并且也更容易被传播、并且拥有足够的完播率等。

（五）帮助粉丝创意模仿，让视频核爆式扩散

前面已经说过，最好的传播形式就是抖音的粉丝在你的视频之外进行有创意的模仿，不管模仿的是 SOLGAN 还是整个视频的风格，都会让你的原始视频得到核爆裂变式的推广。

那么有些粉丝如果问你一些原视频的诀窍，不妨大方共享，并且帮助粉丝更有创意的去模仿。

这样的评论互动其实是最有效的一种传播途径，也会让粉丝对视频账号的忠诚度大大提高，不轻易脱粉。

三、如何调取有效的粉丝数据？

（一）首先要做的，就是粉丝分级

粉丝分级可以按照几个标准，第一条就是粉丝本身具有的影响力，比如大 V 粉丝就十分重要了，可以请大 V 账号与自己进行互动，就会让账号吸粉量几何数增长。

比大 V 弱一级的就是草根大佬们，他们的评论也一样会带动他们的粉丝以及抖音算法和推荐机制的再度加持。

但是完全按照粉丝数多少来区分粉丝量级也是不科学的。

抖音分级的第二条标准就是粉丝与你的互动性。

互动性高，有建设性意见，能切中重点的忠粉请一定要回关，这样的粉丝将来有可能成为你粉丝群体的意见领袖，是十分重要的。

对他们的言论要格外的重视并且予以积极正向的回应，他们是有别于僵尸粉的真正粉丝，也是你视频观看者中对你的账号带有感情的会一直陪伴你成长和发展的粉丝，必须足够重视。

分级的第三条标准是和你目标客户重合率高的粉丝，可以作为优先级别。因为这类粉丝核心需求就是你账号运营的核心目标，让他们成为粉丝并且牢牢稳定住，不但对你目前账号的运营，而且对你后期的直播、变现，都是会实际产生现实影响的，所以也必须重视。

这三类标准下的重点粉丝务必常常维护，重点关注，并且与她们有效互动，都能起到固粉的作用。

（二）关键词回馈

这个其实在前面介绍爬虫法的时候已经提及了，就是给你的视频一段时间，累计了足够多的评论后，用爬虫软件或者大数据分析软件，得出粉丝评论最多的关键词，并且找到潜在的一些关键词发展趋势，还可以得出一些批评的关键词予以改进。

关键词其实就是抖音对账号定位、人设、核心的总结和反馈，如果和你之前设定的基本在一致的范畴，说明不用做太大的调整，而如果有一些完全没想到的关键词，其实也大可不必惊慌，这可能就是 F+X 法里，新的 X 变量的发现，而这样的 X 有时候恰恰是你风格特点所在，也是粉丝喜欢你的点所在，可以突出和加强，进一步加深粉丝好感，给予粉丝充分的满足，从而达到固粉的作用。

（三）复盘整理，得出结论

一条视频，一个账号运营一段时间，都要学会复盘，尤其是对于比较受欢迎的视频就更要做这件事。复盘的关键数据有发布的时间点、封面标签系列名、时长，点赞量、转发量、评论量、完播率等，同时还要注意的是粉丝增长的时间段是什么？从什么时候开始粉丝和点赞成几何级数增长？为什么？

所谓复盘就是要搞清楚这些数据背后的关联，比如说陈赫被小龙虾馋哭的视频，就是从陈赫发表评论开始点赞暴涨的吗？还是被抖音放到了热榜上数据才开始疯涨？

再比如完播率，为什么有些虽然点赞量高，但是完播率不高，是因为视频时长过长吗？粉丝们是从哪个时间点划走的呢？

还有，这一条视频的封面、标题、联合的话题是什么？是不是热门的话题？是否因为这个话题上了热榜，而这条视频可能不是第一时间火，是怎样忽然数据暴涨？

这些复盘都是很必要的，这样做当然不是为了自嗨，而是为了之后可以继续让自己的账号和视频成为爆款，吸粉固粉。

粉丝们也可以帮助你复盘这一过程，他们的点赞和评论以及转发的时机、数量也都能让你明白这一条视频为什么火？

这个时候就一定要抓住粉丝的这些关键数据，把之前的优点继续下去，而且可以用系列法把这一类的视频不妨再多做一些，新一波的吸粉固粉就又可以达成，而且能持续一段时间。

这一系列的复盘都可以借助抖音创作者中心的数据分析来帮助实现。

第四节　不断涨粉的秘诀

——万以下粉丝账号、万级粉丝账号、十万粉丝账号、百万级粉丝账号的涨粉秘诀

完成了首轮的吸粉固粉，你会发现自己成为了几种可能的账户，粉丝数停留在万级（或者万以下）、十万级、百万级。

造成这样分水岭的原因是什么也许是错综复杂的，但是不要紧，只要

账号持续经营，就会有成为千万级粉丝抖音红人的一天。

那么如何在已有的粉丝基础上快速涨粉呢？我们将从三个不同级别的账号给予具体的建议。

一、万级以下粉丝账号涨粉秘诀：系统整理、横向比较，积极调整

其实刚开始就能达到万级粉丝就已经是个不错的成绩，其实还有很多账号经过首轮吸粉、固粉，可能粉丝数还始终停留在百位、千位，甚至数十位。那么你首先需要做的就是回头系统性地看一下自己已经发布的视频，以及即使少也会有的粉丝评论、点赞、转发这几个数据。

先从自己的视频中找到最好的和平均指数的视频，纵向对比差异在哪里，是选材和内容的区别？还是和热点结合的比较好？或者是有出现抖音的叠加推荐？为什么后面却没有跟上？是不是错过了某个机会的风口？

这些总结完如果还不能了解，那么就去与同类目做的比较好的视频进行横向比较。同样说一个内容，为什么大 V 们或者比你拥有更多粉丝的号的内容更受欢迎？切记千万不要轻易地把这种差异推给时间。要知道，抖音平台其实是经常创造十天打造百万视频号这样的案例的。自己的差异到底在哪里？还可以更正的又在哪里？

得到了这个结论后，就要积极调整自己的视频，就如之前 F+X 所说，唯一 FIX 的就是你的类目和核心内容，类目更改就等于重新做一个号了，而账号经过之前的内容定位、试播等，你已经找到了自己的核心定位。这些就不要改动了。

而除此以外的一切都可以改动，从你介绍自己的方式，到封面标题添加话题，再到你的拍摄手法、风格，再大范围一点，到出镜人物的形象、服装化妆道具等，都可以改动。只要这改动是积极正向的，而且是经过以上的自检，确实找到方向的。

这种改动是必要的，但是不应该是频繁的，必须给粉丝一段时间去适应和反馈，再做出下一次调整会比较好。

二、万级粉丝账号涨粉秘诀：系列梳理、传递价值、内容精品化

一般来说拥有了以万为单位的粉丝，就说明你的视频号已经是有一定质量的号了，粉丝也基本接受了你的设定和核心内容。

但是如果仅仅停留在万一级，当然是不够的，这时候要做的就是做一定的系统梳理。

你一定已经有了几个比较爆款的视频，而如果你按照之前预定好的给自己的视频一定的上升迭代空间，那么你就有了做系统梳理的基础。这里的梳理可以是对视频品质的统一提升，还有较受欢迎的风格化视频拍摄的固定，或者是你一开始的说话方式以及内容的输出方式等。

可以在做系统梳理的时候总结出几个系列，作为那几个爆款的延续。一般来说，这会给你提供持续的粉丝增长。除非这个系列已经完全开始掉粉或者涨不动粉，在这个爆款影响力的余波期，你都是可以延续这几个系列。

这同时也是你固粉的基础。在这个基础上，一定要注意系统化整理后的视频一定要传递价值。

千万不要为了搞笑而搞笑，为了输出而输出，并且只是紧跟自己的爆款视频，却不深挖背后的价值。这样你的系列视频也不会具有长久的生命力。在系列梳理中，把自己的核心价值再次突出，就会获得抖音叠加的二轮乃至 N 轮推荐，把标签贴得更加清楚也是如此。

再有一点，在这个基础上也不要害怕寻求创新，而这一次的创新，请务必吸取之前积累的经验，尽可能地把内容精品化，也就是说要避开平庸的新选题，而是提升自己的水平，打造出更加高质量的视频，让别人感觉你每一次的新选题至少都维持在之前最好水平，甚至还在不停地提升。这样，你才能突破万级粉丝的大关，进入十万级别账号的流量池。

三、十万级粉丝账号涨粉技巧：整体形象打造、经营策略深化、别碰红线

到了十万级粉丝账号，其实你的核心内容和一系列爆款视频都已经有了规模了，这个时候你会发现自己之前的视频内容里有一些不够好的，请果断地更改或者删除，整体形象对你来说现在是十分必要的了。因为凡是到了十万级的级别，你在被推荐的时候，有很多粉丝都会“挖坟”，包括抖音的算法和推荐机制也是，他们会把你之前哪怕不够火的视频，也会放到流量加持里去，而这样的结果就有可能影响你好不容易逐渐成长打造成熟的整体形象。

所以必须要先有维护自己整体形象的动作，其次十万级别的账号就有了一定的变现能力了，那么，你的经营策略到底是什么，在这个时候就是个迫切需要解决的问题了，需要有个完整的考量了。

尤其需要注意的是，十万级粉丝账号也是抖音审核监管的终点区域，千万别为了一些不必要的事情或者蝇头小利，而去碰触抖音的红线，封号或者限流这样的惩罚对十万级的账号来说，都是毁灭性的，千万要格外小心。对之前管控得不太严的也要严格要求自己，积极进行合规的自查，才能保住得来不易的成果，走向百万账号。

四、百万级粉丝账号的涨粉技巧：业内形象打造、多账号联动、团队经营

一般来说，粉丝能达到百万，已经可以被称为网红或者抖音红人了，而且你的整个经营已经是非常成熟了。这个时候除了不碰红线之外，更多的是需要把你的账号人设在整个业内有一个有风格、有辨识度的打造。

而同时你的账号布局已经可以不单是一个号运营，而是可以多号运营，用大号带小号，形成完整的多账号联动，来达到更好更完整的运营了。

目前，抖音百万级粉丝的视频账号已经属于较为靠前的账号了，抖音

的算法和推荐机制对这一类的账号也会有一定的加持。这类账号的变现能力已经非常可观。所以建议就算十万级账号还没来得及有团队，此时由团队来经营会让你变成千万大 V 成为可能。

团队的分工可以是多种多样的，可以完全根据具体账号的具体情况来设置，特别需要注意的是，关于评论等的整理、回复的岗位是不可或缺的。要想涨粉，跟粉丝的良好互动即使到了百万级别，也不能忽略。

而其他的比如直播团队、前期策划拍摄团队、后期商品等链条上的团队，就要看你之前的缺陷在哪里，就要补足哪一块了。

当然抖音是个神奇的地方，也有一己之力几天就成为百万粉丝账号的，也有始终一个人在战斗的，本书此节提供的只是一般意义上涨粉需要注意的秘诀，而特例部分，会在后续直播等章节讲述。

■ 第五节　如何打破涨粉中的瓶颈期

——自检法、实时热点法、DOU+法、发起挑战法、直播连麦法、大小号联动法

很多抖音视频制作者都会发现自己的账号经营了一段时间后，粉丝数的上涨停滞了，很多天只有十位百位的变化，甚至有时候还出现了掉粉，这就是抖音瓶颈期了，几乎每一个从小白到抖音的大 V 的视频制作者，尤其是不具有明星等背景加持的草根用户都遭遇过这个问题，那么如何解决抖音涨粉瓶颈期的你？

一、自检法

首先要自检的是你的视频是否已经被限流，很多人都认为没有收到抖音的违规通知就不会被限流，这其实是不正确的。

抖音除了对违规视频会进行限流，还有一种是只要抖音认为不适合被

推荐的视频其实也做了限流。可以有两种方法查看到你的视频目前是否是被限流。

第一种就是打开你的视频，点击右下角的“…”按下屏幕底部的DOU+上热门如果没有出现速推版、定向版的页面，而是出现了“该视频内容不符合社区规范，请选择其他视频进行投放”而下面还出现例如“DOU+投放规范，把握底线——视频不得含有违反公序良俗、引人不适等高风险内容，及营销、搬运等违规行为”，那么便可以确定，你的视频被限流了，大部分人都没看见，所以你的粉丝数据当然会遭遇瓶颈。

第二种方法是点击 DOU+旁边的数据分析，如果出现“视频不适合继续推荐”那么，你也同样是被限流了。

如果被限流了，首先应该做的就是自检，自己是否触碰了抖音的雷区和红线？到底是哪里出了问题，及时整改就好。

二、实时热点法

如果不是因为被限流，而账号的粉丝不再增长甚至出现掉粉，有一个可能的原因就是即使之前粉丝们挺喜欢你的视频，但是长久没有新鲜东西出现，大家看烦了。是人就有疲惫期，而改善疲惫期最好的方法就是增加新鲜感。

实时热点的加入是增加新鲜感最快的方法。这里的热点不单可以是当时的社会热点、词汇热点，甚至可以是拍摄风格的热点等，能增加新鲜感又和视频核心内容靠的上热点的都可以尝试。

而一旦观众们接受了这种热点，还可以利用这种热点二度激发新的热点连接，要像放爆竹一样，一个接一个地炸开，那么你的粉丝数量就会果断的“炸”开瓶颈，直线飙升了。

当然万变不离其宗的是，你的核心内容不必变化，而是表现形式的变化，比如很明显的一个案例“罗翔老师讲刑法”。大家都知道，学习法律是及其枯燥的，而罗翔老师在讲述中加入了很多日常生活的元素，把“张三”这一虚拟人物代入各种麻烦处境中，抛出的问题往往很接地气，是每个人日常生活中都可能会面对的，而幽默、易懂的回答就让大家牢牢地记住了罗翔老师。但罗翔老师的讲课方式也不是一成不变的，比如他还积极参与脱口秀节目的表演，再把这些经验带回到他的视频里，也就完成了和实时热点的结合。很多新的粉丝又从脱口秀节目中知道了他并且喜欢上了他，这就是很好的与实时热点结合的案例。

三、DOU+法

这种方法在首轮吸粉马上成为爆款的诀窍里已经提过了，这里再提起和之前有着不同的意义和使用方法。

初期吸粉的 DOU+法往往只是视频制作者冷启动的一种帮助手法，往往没能和数据分析相结合，这时候就可以选择达人相似粉丝投放会比较容易得到推荐。

而在涨粉过程中，DOU+这种方法不能一直使用，必然是启动以后就让自然流量跑一阵才能真正看出账号吸粉、固粉、涨粉的能力。

而运营了一段时间的账号往往已经有了一些自然粉丝流量和一些关键数据的积累，而且数据分析必然已经形成。

那么这个时候启用 DOU+就有了一些讲究，比如可以另外选择系统智能投放，这样系统将根据你账号视频的内容来计算兴趣人群，较为精准地将视频推荐给这些个性人群，有的放矢。

也可以选择自定义定向推荐，在下面的子选项就可以选择符合你精准粉丝画像粉丝的性别、年龄、地域、兴趣标签等。

而且 DOU+还可以确定投放目标，如果就是为了打破粉丝瓶颈，那么就可以精准地定位在粉丝量上；如果希望浏览量、点赞评论量和粉丝量均衡提升，也可以选择智能优化，由抖音系统来精确综合优化。

DOU+还有一个功能就是既可以为自己的视频添加投放，还可以给他人的视频加热，如果粉丝愿意为账号按转发选择 DOU+，这样的做法就好像是明星的粉丝们打榜，会获得更多的流量，也形成核爆裂变式的流量加持。

四、发起挑战法

前面已经说过，最好的涨粉方法就是吸引粉丝创意复制，而发起挑战就是最好的形式。抖音平台目前的挑战还往往结合了当时的新闻热点和最热的短视频。值得注意的是，挑战赛必须设置得足够巧妙才容易带火账号，那么就请注意以下几点：

1. 不要设置太复杂的挑战。因为太难，粉丝们就放弃了，一定要非常容易制作，拍摄等的门槛也要低，才会吸引大多数的人参与。

2. 一定要足够新奇或者好看、有趣，抓到粉丝想挑战的某个点。挑战赛最重要的就是让粉丝们传播出去，一定要他们觉得满意，才有可能传播给更多的人观看。

3. 挑战要有一些特殊的例如特殊贴纸等的 LOGO，让人记住，不能让人玩了就忘记了账号主体。

4. 挑战要尽量开一个比较大的可接受范围的话题，比如“开榴莲的一百种方式”就不如“你的春节还能这么玩”的范围大，而范围越大，就会收获越多的粉丝投稿。

五、直播连麦法

关于直播，后面会有单独的章节来介绍，这里只是告诉大家，直播连麦法也是打破抖音粉丝瓶颈的一个很好的方法。

直播中和大 V 或者达人朋友们连麦也会是一个很快打破抖音涨粉瓶颈的有力手段。

这主要是因为直播比平时的抖音视频播出后通过评论等互动更加直接，有一段粉丝积累的账号，开直播，只要准备得当，内容丰富，且切中粉丝需求，一般来说都会涨一波粉，而且连麦的效果还要好。

因为与你连麦的账号博主往往也是自带流量，他们的粉丝如果喜欢你，也就会成为你的粉丝。

这是十分直接有效的手段，可以在粉丝涨不动或者掉粉的时候恰当使用，当然这中间还有很多机窍需要掌握，在后续章节中会一一解释。

六、大号小号互动法

这也是一种常用的挣脱瓶颈期的方法。有一些质量不错的号其实只是因为缺乏推广途径，没能被更多人看到，而这个时候如果大号能够适当地带一带小号，比如知识类视频博主，讲到某一个话题的时候，发现有一些小号其实对这个问题讲得更加全面，那么就可以告知粉丝完整版本在哪里看，这样成长时遇到瓶颈的小号的困境也就迎刃而解了。

而小号也可以帮助大号，用小号来帮助大号推广，数量众多，质量不错的话，也会起到帮大号实现量级粉丝增长的目的，打破大号的涨粉瓶颈。

这里一定要注意的一个点是：大号小号必须是价值观一致、目标客户基本重合的，至少也不要差得太远。另外大小号之间应该是有过点赞、评论、互动的，这样点赞、评论、转发、完播率这四个关键要素才会被抖音系统识别，也才会顺利进入抖音推荐机制，让流量流入自己的流量池，从而达到打破瓶颈，进一步涨粉的目的。

其实这种做法系统来说就叫多账号布局矩阵，在下一节中会重点说明。

■ 第六节 多账号矩阵布局让大 V 快速练成

——抖音多账号矩阵类别、类型；多账号矩阵布局运营方法、管理注意事项

有一种说法是，不会多账号联动矩阵运营的账号就成不了大 V。矩阵是区别抖音小白与专业视频制作者的分水岭，这虽然有些夸张，但是多账号矩阵布局能让大 V 迅速练成倒是有事实依据的，而大 V 和很多品牌蓝 V 确实也是一直在使用多矩阵布局来经营抖音。

所谓抖音多账号矩阵布局，其实就是指同一家公司或者同一个短视频制作者拥有多个抖音账号，这些账号即使粉丝数量不等，内容重点各自有一些区别，但是能通过系统的规划和运营这些账号，让他们实现联动。账号与账号通过一系列的运营策划，互相引流，提升粉丝以及整体公司或者短视频制作者的商业价值，这就是所谓的矩阵布局。

一、矩阵布局的类别和类型

（一）矩阵布局的常见类别

1. MCN 矩阵布局

所谓 MCN 就是 Multi_ Channel Network，直译过来就是多频道网络业务。用比较通俗的话来说就是公司化运营短视频账号，一边孵化培养短视频账号，一边和企业等对接。

MCN 的特点就是范围很宽，拥有一些短视频网红以及一定数量的粉丝，而且一般来说会比个人账号更系统化，且对抖音运营有一些专业的方法去处理。

MCN 往往会在用户画像、内容方向、竞品分析、账号定位等方面具有优势。因其专业，会快速的推出一些质量较高、及格线以上的视频，然后

孵化几个账号进行联动，把账号的变现路径梳理清楚，迅速投入矩阵运营。

有些 MCN 公司也会致力于孵化网红号，收取费用，并与账号在后期达成一定比例的分成。

简单地说，MCN 矩阵就是公司化、系统化的账号联动经营。

2. 家庭类矩阵布局

这也是国内一些个人向的短视频号常见的，简单地说就比如先有一个号火了，这个主角是家庭里的女儿，那她的爸爸、妈妈、奶奶、爷爷、闺蜜，甚至可能她的男朋友、朋友乃至她的某一个粉丝，都可以加入这个矩阵里来。在小号里发布的作品在标题或者评论区@主号，就能实现成功引流，而小号也成功地利用自己的粉丝网络实现了分流。

这个矩阵可以以这个主要的大号为中心，与其他小号发展出一系列的故事，而其他小号也可以反哺这个大号，这和 MCN 号在系统性上比较一致，但是在内容等方面就不一定那么严谨。

但是优势是，账号的人设不可替代，且不容易被撬走，可以持续经营下去。

3. 个人 IP 矩阵

这种号从字面意义上就可以理解，往往是个人 IP 经营。一个号经营好了，再起一些小号，来互相扶植。这种的优点是往往主号的经营能力都是不错的，而小号对主号的一些成功经验可以完整的得到复制，相辅相成，自成一格，也是一种不错的矩阵布局，而且每个号的质量往往都还比较高。

著名的樊登就是属于这种矩阵类型，一个人出作品，多账号转发，一个人出镜却可以带动百个账号。

4. 团队矩阵

这种现在在企业，尤其是房产销售等企业里非常常见。抖音一个营业执照可以绑定两个企业号，而一个企业号可以开通 N 个员工号。同时一个营业执照可以申请一个抖音小店，而一个小店可以认证五个零粉零作品的账号。所以是很容易实现布局的。

一般来说团队矩阵有一个总号，N 个分号，但是这种主次之分并不太分明，各个号之间往往充分联动，分号上的作品可以直接关联到大号。从分号可以直接进入到主号。一个优质内容可以被多次引用复制，起到吸粉多方引流的目的。

这种号的优点是，并不怕出现某个一旦失去就不可或缺的部分，而是通过整体的形象对外，就算是某个粉丝多的号脱离，也无法带走这种团队号的整体定位和全部的工作流程，完整且可持续发展，缺点是开始的发展往往会比较缓慢，涨粉困难，需要时间或者是一些技巧来搭建。

（二）矩阵布局的类型

类型不同于类别，主要是为了具体拆解各个账号之间关系的不同类型，一般来说比较常见的类型有以下几种。

1. 金字塔矩阵类型

这是抖音初期最常见的一种矩阵类型。简单地说，就是有一个主要的号带很多子号，主号领导其他所有的子账号，一些城市的官方抖音号容易用这种矩阵形式布局。比如有一个主号是城市主体，接下来可以从旅游、平安、新闻等来做子账号。一些企业的号也容易用这种矩阵模式，按照分工或者天然的子公司或者个人等来进行这种矩阵布局。

主号对子号有绝对的领导管理功能，而子号之间一般来说是平等的，而且基本各司其职，各管一块，最后由主号归拢。也可以在子号下再设子号，分级管理。

针对个人来说，有一个或几个热门的大号带动其他小号就常常采用这种模式。

2. 主+辅矩阵类型

这在树立品牌意识的企业里比较常见，比如一个主号是打造品牌形象的，一个辅号是促进业务发展销售的，两个号相辅相成，都是为了促进企业的发展。

这种号在不算十分大型的企业里或者十分注重品牌文化的企业里都比较常见。虽有主辅之分，但是往往界限不是特别的明显。

在个人账号中也比较常见。比如个人的某些主号+辅号来更好的阐述个人品牌形象等。

家庭社矩阵账号其实也等于是这种类型，只是辅号更多而已。

3. 业绩主导矩阵类型

这种矩阵在大型的企业或者大型的IP账号群中比较常见，其特点就是看似有一个核心，但是其分支可以独立发展，有独立的决定权。有时候子号甚至做得比主号还要好，反过来可以带动主号。这是目前最为常见的一种矩阵做法。

而MCN公司就常常采用这种矩阵。各条线路互不干涉，主要看业绩，只要出色，还能反过来影响主号。一切全部以业绩为主导，可以相互颠倒来带动或者辅助，主要看业绩指向性的需要。

有些灵活的个人账号、团队、家庭账号也会在后期采用这种类型。

二、多账号矩阵布局运营方法

1. 多账号矩阵横纵向布局

这种布局其实除了横向布局，还可以采用纵向布局，也就是说在抖音之外的布局拉动，比如在微博、西瓜视频、头条和其他短视频平台进行投放，然后再来带动抖音平台的布局。

当然这种布局必须通盘考虑。首先需要考虑的就是自己的实际情况，比如你已经在其他平台有了不错的成绩，那么就需要考虑如何引流进抖音，而且能达到多平台多账号联动的效果。

如果已经有了一个较为成熟的号，建议一切标志性的东西比如头像名称等都予以保留，这样才在粉丝那里有一定的辨识度，而不至于被错认。

另外，也不要贪多求快，首先要确认的是自己的精力顾得过来，而且哪几个是主要的平台，就应该多下功夫。

在抖音平台上的横向布局可以参考前述的类别和类型，找到合适自己的，并且严谨布局，关键点启动。

2. 多账号矩阵运营方法

（1）主导

要确立多账号矩阵的主导力量，不管是主要账户还是主要管理层，必须要有明确的布局和目标，以及拍板做决定的机构或者个人。

要明确多账号运营的目标，而且定期复盘、头脑风暴，确立主导者对于多账号矩阵的决定和领导地位。即使是以业绩为主导的子账号也可以成为主导的，也并不是说子账号来决定多账号矩阵运营的主导决定，而是一定要有一个主体来拍板。

（2）联动

也可以说是互动，各个账号之间如何互动起来，怎么动，何时动都是必须考虑的范畴。如果彼此之间毫无瓜葛，或者各动各的，多账号矩阵经营也就不存在了。

而引流等行为必须如同棋局一样，有开场，有准备，有主攻，有助攻，有后手，有前锋。必须事先通盘考虑如何布局，比如子账号如果要实现有效经营，是否需要先经营一段时间，并且保持与主账号之间的良好互动，再进入彼此的引流、推荐以及推举主账号等行为。

必须有效被计入抖音算法的流量池，而不是胡乱行动。

另外在这种互动中，也要符合抖音的管理规定，不能因为一个不小心，牵连到整个矩阵运营。这都是要通盘考虑的，但是必须能够联动起来，才配成为一个完整的矩阵经营。

（3）完整闭环

这也就是一般意义上说的要跑通整个的路线，这种跑通不是狭义上矩阵主号子号管理上的跑通，而是从整个多账号运营乃至变现的全部跑通，只有形成了完整的闭环，也就是从内容策划到竞品定位，到各账号联动，到实现变现的能力，全部拉通，才能称为一个闭环。

这种闭环也就达到了抖音运营的最终目的，实现了良性的循环和运转了。

（4）风险管控

这是矩阵经营中一定要考虑进去的一个因素，因为多账号肯定比单个账号更难管理，而抖音日益严格的管理制度，对每一个账号其实都是一样的，一旦触碰红线或者雷区，会不会导致整个矩阵的崩溃，是必须事先考虑到的。如何提前管控风险，必须做出严格的管理制度和紧急预案。

而一旦不小心踩线，是该果断整改，还是果断放弃断尾求生，都必须在事先有一个度上的衡量。不要等出了事，却毫无应对。

风险出现后，在哪个范围来应对，如何缓和粉丝的不满情绪，处理粉丝的评论，在多长时间内必须化解危机，都需要事先做好预案，而且在真实发生的时候有力的管控，否则前面所做的也都会全部白费，所以这一点是必须格外重视的。

三、多账号矩阵的管理注意事项

1. 矩阵内各账号的清晰定位

矩阵内各个账号一般来说，虽然属于同一公司或者个人经营，但是各个账号之间肯定是各司其职，都有着自己的独特定位的，重复定位的账号是不必要的，也会被抖音很快认定为僵尸粉或者不被推荐的账号，失去生命活力。

即使整个矩阵的类目、内容大致核心是类似的，但是各个账号之间最好还是各有各的风格。

大家都知道最有名的矩阵布局就是樊登，曾经借助樊登读书会的 IP 创建了 700 多个矩阵账号，从情感到营销，从沟通到亲子，内容包罗万象，也创造了惊人的百万粉丝量和营收超过 70 个亿的商业价值。

但是由于抖音平台希望内容多元化，不希望观众被“霸屏”内容控制，所以有了作品去重功能，而导致樊登的账号被关闭了 400 多个。

所以请务必确认每一个存在账号的清晰定位，而让抖音算法可以找到并推荐，也让粉丝能准确的被锁定。

这是十分必要的工作，没有清晰定位的账号就索性取消，不需要放入矩阵经营。

2. 矩阵内账号的 IP 定位必须一致

各个账号之间有了自己独特的个性清晰定位之后，也请注意，有一样东西是必须统一的——那就是矩阵内账号的 IP，就是 MCN 矩阵也需要如此。因为 IP 就是整个矩阵的标签，也是你有别于其他账号、其他矩阵的独特标签。

这种 IP 定位可以是自己定义的，更好的是由粉丝确定。一般运营一段时间，粉丝在某些账号矩阵里就会有突出的数据体现，抓住这种体现，确立自己的矩阵核心 IP，并且让这种风格统一矩阵内各个账号，往往就在芸芸众号中脱颖而出，成为获得忠实粉丝的大 V 账号了。

而这样的主体会是有生命力的，也容易跑到变现环节，成为有价值的矩阵账号。并且这样的账号对抗风险的能力也会加强，即使被封了其中一个，其他也都能支撑矩阵顺利经营下去。

3. 矩阵内账号的信息更新速度

有一些矩阵内，主要的账号或者是数据表现突出的账号更新频繁，而一些小号就被荒废，很久都不更新，这也是多账号矩阵管理中很容易踩到的雷区。这时候必须重新考虑这个小号存在的必要，如果没有必要，宁可取消也不要再拉进矩阵里来，而如果还有生命力，就要积极维护，在相应的时机发挥作用，不能想用的时候再现去启动，这样的数据往往是无效的。

4. 矩阵内账号的舆情评论管控要及时

很多人会忽略掉这一点，因为矩阵内多账号的工作量较大，但是其实这是非常重要的工作，一定要随时关切粉丝的评论，这里不但包括主号，也一定要注意各个小号。因为一旦一个小号的管控出现重大失误，就好比火烧连营一样，会殃及主号以及其他号。

能尽量缩小影响范围就尽量缩小，合理的面对粉丝的不同情绪，予以正确的疏导，千万不能因为忙碌和忽略就不处理粉丝评论留言。

被骂到退网是早有先例的，而矩阵多账号经营就更加需要注意舆情评论的管控，如果一旦出现严重情况，也需要及时处理，保住矩阵内账号的核心价值。

第六章 直　播

抖音账号经过运营一段时间之后，只要账号的粉丝超过一千人，就可以开通直播。直播也是一种运营手段，而且还是很重要的一种。很多人都知道直播，或者观看过别人的直播。更多的人都早有耳闻的是直播带来的巨大收益。关于直播变现环节，我们会在以后的章节里予以讲述，这里针对的是初期的抖音直播，该如何准备？如何提升人气，如何涨粉固粉，以及如何避开雷区。

第一节　直播前的开播准备手册

——Timing 准备、设备场地准备、直播功能熟悉及连麦 PK 准备、内容准备

要开直播了，是不是感觉一是不知道什么时候是开播时机？也不知道到底该做些什么准备？

这里就先准备了一个直播前的开播手册，分享给大家。

一、直播 Timing 的准备

1. 开播时机

一般来说，满一千粉丝就可以开通直播间了，但是粉丝量就是直播的

唯一标准吗？当然不是，有些账号一开始因为其他领域引流或者朋友圈粉等，就具备粉丝一千人的条件，但是其实内容定位都还没准备好，即使开了直播也毫无意义。

而有一些抖音小白，又误会直播是非常高大上的，一定要有爆款视频后才开始直播，这也是没有必要的。

其实你只要有了一个较好的内容准备，并且在技术上做好了设备场地准备，就可以开始直播，因为直播会提供给你直接和粉丝交流的平台。不要担心开始的尴尬，很多抖音大 V 也都是这样成长起来的。

所以简单总结就是：只要内容、场地设备准备好了，就可以开始直播。

2. 开播时间

抖音的直播时间一般分为 18～24 点的黄金场，中午 12～17 点的下午场，凌晨 0～5 点的午夜场和 5～12 点的上午场。

一般来说，18～24 点的黄金场就是人们一天中最容易观看直播的时候，也是抖音平台用户在线最多的时候。可是这个时段的直播往往被大 V 们所占据，平台也会直接将一些推荐流量给到他们，是不适合新人开播的，因为会被挤占到几乎没有份额。目前抖音数据表明，占据抖音 4%的头部用户们的直播观众占全部观众的 70%。也就是说，剩下的 96%的直播只有 30%的人观看。

所以除非你是明星或者是有新闻价值、其他领域的一些权威人士，又或者是本来就在互联网上有很大影响力的账号，否则都建议避开黄金档。

而中午 12～17 点的下午场是仅次于黄金场的时段，这个时段其实很适合一些已经有一些积累的账号，比如粉丝数上万的，也会比较拥挤。

凌晨 0～5 点的午夜场看起来人会少，其实不然，很多情感账号专门挑这个时段来进行直播，往往还会取得不错的成绩。年轻人晚睡熬夜的多，所以针对年轻人的类目都可以在这个时段开播。但是针对家庭主妇的亲子、生活类这个时段就不要考虑了，针对早睡老人的一些养生、舞蹈类就更不必了。

上午 5～12 点的时段一般被称为新人时段，因为看的人最少。而其实这个时段里也有黄金时段，就是5~7点。因为很多早起的人会有时间观看直播，只要直播时间不要太长，很多人伴随着晨跑、准备早饭等都会观看。

所以很多人都建议新手小白在上午场直播，因为抢夺的人少。其实也不然，可以根据自己视频的内容，权衡之后进行选择，比如情感类的就可以选择凌晨场，观众画像下午较多的也可以选择下午场，至于黄金场，如果特别有需要也可以选择。

3. 更新频率

一般来说，所谓“混个脸熟”，就是更新频率不能太低，以至于观众都已经忘记了你是谁，但也不必天天直播引起反感。

一周更新二到三次是较为合宜的频率。

当然比如遇到一些突发事件尤其是热点的事件，又和自己账号的内容有关，就可以加播或者连播。

而针对一些特殊的节假日等，也可以多多直播，以便和观众多多交流，与他们达成共情。

4. 直播时长

最合宜的直播时长是半个小时到两个小时。当然很多大V都有三个小时甚至更长的直播，这是在有了一定积累之后可以选择的。直播带货的也有长达八到十二个小时的，对个人来说一般低于半个小时是不可取的，因为太短的直播可能事情都没有说清楚，和粉丝互动时间也不够。直播务求让粉丝加深互动感，而且必有有一定时长，抖音的算法和推荐机制才可能注意到你，由此进入流量加持。

二、直播的设备场地准备

（一）设备准备

这里分为户内手机直播、户外直播、电脑直播三种来介绍。而值得注意的是不管是哪一种，首先要保证网络的流畅，不能出现卡顿是直播的最基本要求。所以与网络相关的设备设置不再赘述，一定要选信号强、网速高、网络流畅的。下面我们分门别类来说一下还有哪些设备需要准备。

1. 室内手机直播

这是比较常见的一种直播形式，也是入门门槛最低的。需要准备的东西有以下几种：

（1）手机

一般正常的智能手机都可以完成手机直播，但是在直播前请务必检查内存是否充足，电量是否充足，观众们是没办法等你中途断播再回来看的。

另外就是尽量用一些摄像头像素较高的手机，画面的清晰也是很能为直播增色的，一般大厂牌的手机都能满足这一要求。

（2）声卡

声卡可以播放一些背景音乐，而且能有一些音效，会让直播更加的生动活泼。

（3）专业麦克风

一般的手机收音设备是不如专业麦克风好用的，现在很多专业麦克风价格也不贵，且体积很小，易于摆放。

（4）特殊效果外置摄像头

比如广角摄像头、鱼眼摄像头、微距摄像头等，都能起到一定的特殊效果以及提升画面清晰度。

（5）拍摄支架以及灯光等

因为有些直播需要手拿道具等，所以手机最好是被固定在某个拍摄支架上，另外，灯光会让直播主播的形象更加柔和，也可以准备。

2. 户外直播

这种形式也比较常见，比如很火的探店、旅游、美食等都属于这一类的直播，这类直播被干扰的可能性大大高于户内，拍摄工具也可以使用比如航拍器、摄像机等专业设备，我们按照一般的最基础要求在此说明：

（1）拍摄设备：可以是手机，也可以是航拍器、摄影机、带有摄影功能的照相机等。

（2）充电宝：可以给拍摄设备同时充电，避免断播。

（3）声卡、麦克风：请注意这里的声卡和麦克风最好都用比较适合户外的，声卡一定要是外置的，而麦克风必须是收音效果更好的，无线小蜜蜂等携带方便且不影响主播形象的在较多的时候是较好的选择。

（4）手持云台：这在户外直播也是必须的。因为画面混乱抖动是户外直播的大忌，云台可以做到很好地稳定拍摄，提升直播质量。

3. 电脑直播

这里的电脑直播也分两种，一种是类似手机直播，拍摄主体是人，那么除了麦克风可以用更好一些的电容麦克风，可以适当运用抖音直播伴侣，其他暂时不需要；而如果你是电脑游戏主播，直播前请准备以下设备：

（1）电脑：性能强大、良好、能够和适合直播的皆可。

（2）摄像头：这里的摄像头必须是高清的，比如罗技 C 系列等。

（3）灯光：补光灯、面光灯等都可以运用。

（4）电脑声卡：内置外置皆可，但是必须用较好的配置以捕捉细微声音。

（5）麦克风：电容麦克风较为常用，因其灵敏度高，请一并配置防喷罩。

（6）软件：录屏软件必不可少，苹果的录屏大师性能强大，而抖音直播伴侣软件会帮助你引流。

（二）场地准备

抖音的直播场地其实多种多样，哪里都是可以的，但是请注意场地最好满足以下几个条件会比较适合直播。

1. 如果是室内，请尽量确保场地不被打扰，且背景等有一定的设计，而且稳定。保证摄像头拍到完整的主播形象，即使是多人，也要能框进一个画面为佳。另外要设计合理动线，需要新的东西等，有固定动线送入，不要来回晃摄像头，或者总是拍摄到空镜头等。

2. 如果是室外，请尽量注意场地能保证让拍摄主体大部分时间都在镜头中，可以根据行进动线来，但是不必更换得太频繁，而且随着画面变化，要有相应的旁白，或者主播画面。

3. 电脑：尤其是游戏的部分，一定要跟进录屏场景画面等，不能出现对不上的情况。

三、直播功能熟悉及连麦 PK 准备

（一）直播功能熟悉准备

针对于新手小白，必须先熟悉直播界面的功能。

1. 直播界面下方的选项

一般包含美颜、风格妆、滤镜几个选项。可以根据自己的需要打开或者关闭美颜，以及是否使用风格妆，这是很方便的功能，能使主播出镜的效果更好看。

而左右滑动屏幕可以选择滤镜，比如清纯、非凡等，选取一个能提升直播间效果的即可。

2. 直播界面右侧选项

一般包括翻转、美化、道具、商品、DOU+等，翻转、美化不用细说；道具往往会增加直播间的趣味，也可以事先熟悉一下；商品更是要提前准备好；直播 DOU+和之前视频 DOU+的性质一样，就是直接推送给精准客户，如果有需要也可以付费使用。

3. 直播界面上方选项

一般都是位置，如果打开方便吸引同城用户观看。

（二）连麦 PK 准备

作为新手，一般直播的时候如果人少，连麦或者 PK 都是不错的选择。

选项在直播间最下方，PK 按钮即可发起 PK。最开始可以选择 PK 认识新朋友，随即匹配的选项，系统即会随机推荐与你相似的主播。

这样即使观众人少，你也可以和别的主播聊天互动，而且可以吸引对方的粉丝来关注你或者进入你的直播间，如果聊得很投机，可以邀请互相关注，下一次直接就可以从好友列表中直接邀请连麦。

四、直播内容准备

很多人都以为直播是随意开始的，对直播有剧本这件事表示怀疑，其实不管有没有剧本，直播的内容都是必须事先准备。虽然不一定精准到剧本这样的行为，但是起码直播的内容是什么，是每一个主播必须清楚。

这里的内容包括以下几个方面：

1. 直播要说什么

这是最起码的准备了，如果没想好到底要和粉丝们说什么，就最好不要开播，无话可说的尴尬比不开直播还要糟糕。这就好比一台节目或者你要和朋友打一个电话，却不知道说什么一样。

所以必须事先规划，而且这种规划最好清楚到时间点，什么时候上播，什么时候下播，在大致的哪个时间节点要完成什么。可以安排一定的互动时间，但是这个时间也要清楚自己预备回答的内容类型是什么？不能一直无目的地和粉丝对话，全部变成“谢谢XX的游艇火箭”，直播的内容全无，就根本无法达到直播运营的目的了。

就算是连麦PK也要有说什么的准备，不能无目的地乱聊。

对于新手主播，建议先选择自己熟悉和最能和粉丝互动的话题作为内容会比较保险。另外一定要关注观众的反应，不要自说自话，一言堂。有互动的内容才是好的内容，而互动人气高的内容就是你应该直播的内容。事先不妨多准备几个方向，不对就更换，直到找到观众的兴趣点所在。

2. 直播要达到什么目的

这个目的可以是多种多样的，比如卖货、涨粉，或者仅仅只是互动。如果是卖货，那么今天要介绍多少款产品，分别的价格、特点、优惠政策分别是什么，都要事先准备的非常清楚，不能现查。

如果是涨粉，要讲一件什么样的事情，预估的粉丝反应是什么，自己到底要选哪些问题进行回答，如何吸引粉丝，从内容到回馈，也都需要事先准备。

3. 直播与粉丝互动希望达到的效果是什么

有些直播是不涨粉的，纯粹起到互动的效果，那么你希望粉丝回答你的主要疑问有哪些，希望带领的舆情评论是什么？该如何引导？一旦失控又有哪些措施可以管控风险。或者互动中要安排什么样的爆点，起到什么样的效果就罢手，这也是事先需要准备的内容。

关于如何和粉丝互动的细节，我们会在下面的章节进行讲述。

■ 第二节　直播的高人气如何获得

——直播前预热、直播标题封面和灯光音乐等细节选择、直播人气飙升技巧

没有人希望直播的时候，观者只有小猫三两只，可是如何从一个新手主播变成一个高人气主播呢？我们在这一节提供一些基本的技巧和方法来帮助你做到。

一、直播前预热

1. 提前在个人主页做好预告

可以在自己的个人主页上清晰标明直播的时间、时长、标题等。尤其注意直播的标题要起的较为吸引人，至少要说清楚你直播的内容，以及一些福利等，方便观众了解。

2. 开播前发布小视频预告

这和主页预告的内容是一致的，一般可以在直播前两到三个小时发布，当然提前在每天的固定更新时段更新也是可以的。可以直接用小视频内容公布，也可以用一些特别的贴纸凸显。

最重要的是最好在视频的结尾，用一个画面清楚地标明直播的时间、内容，以及可能的卖点比如秒杀活动等。

3. DOU+或者直播DOU+

DOU+虽然是付费类的，但是往往起到的效果是不错的。直播DOU+会更加直接的，而且及时地推送给相关精准潜在客户，一般都会获得不错的反馈。在做DOU+的时候，一定要根据自己当时的情况和直播内容精准定位。

每一次DOU+结束也要统计数据，复盘DOU+是否划算，如果可行可以继续，或者再追加。

4. 开播时准备小礼物

直播的时候准备一些小礼物，或者秒杀活动，在直播的开始、中段、后段都可以适当发放，也能起到不错的黏住观众，获取人气的效果。

有些礼物可以是秒杀商品，李佳琦的秒杀场面相信很多人都记得。礼物一定要事先准备好，直播现场要说到并兑现。

5. 分享直播间地址给粉丝

这是直播中可以做的，一些忠粉可能愿意看你的直播，但是没时间提醒自己，可以事先通知，开播的时候分享地址，召唤粉丝们来看。

二、直播标题、封面、灯光、音乐选择等细节设置

1. 直播的标题

直播标题第一要包括比如主播人设的形容，可以用性格+特长的方式来组合，比如“高冷学霸”等等，最好有一定反差萌，会被人记住。

也可以稍微夸张一点，比如“全网最笨喵”之类的来吸引眼球。但是请记得不要过火，触碰抖音审核规则。

另外，还要突出才艺和内容，加上前一部分就比如“高冷哈佛学霸教你托福拿高分”或者“可爱妹子教你怎么吃得又省钱又营养”等。

最后，还一定要凸出一些你可能赠送的福利，比如免费课程秒杀、发红包等等。可以出现“现场赠送优惠、多波秒杀等着你”等的宣传语。

标题也可以蹭热度，或者突出一些你特别的地方。比如“独家为您解

释托福考试中不被注意到的细节”或者“揭秘某明星食谱背后的秘密”等。

这些都能起到很好的预告作用，将这些综合在一起，尽量精炼，有一种说法是五个字以内会比较容易被看完，也可以参考。

但是千万要注意的是，不要做标题党，就是直播内容和标题不符，都会降低粉丝的期待值，而且有可能会被管控，至少很难得到流量加持。

另外，不要用一些过火的字眼来吸睛，这些都会导致直播被抖音官方重置或封号。

2. 直播的封面

一般来说，有封面的直播间比没有封面的会有更多的观看量，所以就像设置账号封面一样，直播间的封面也必须精心设置。

如果你的账号已经非常有影响力，其实可以沿用你的账号头像作为封面，直播封面的要素是必须带有主播明显的 IP。比如个人形象或者你要突出的内容形象：萌宠博主不妨放上宠物的照片，而且尽量体现账号主体的风格，比如最时尚的狗狗，带上墨镜拎着包出境的封面照，就让人能一眼明白你要讲什么。

封面照必须清晰带有鲜明的特色，可以根据内容更换，但是如果已经有一定影响力了就最好一直沿用，方便粉丝找到。

3. 直播的灯光

不同于视频，偶尔可以有一些风格素雅，灯光不那么亮的画面，但直播的画面最好是灯光充足的，一定要有漫射光源——就是一般家里吸顶灯的效果，如果灯光不足，要想办法加一些补光。

另外，面光灯等可以让主播脸部变得柔和，效果更好。灯光的布置风格可以温馨，可以时尚，可以可爱，主要要根据你自己直播的内容来。

4. 直播的音乐选择

一如前面设备选择中说过，声卡是必备的，声卡主要是为了音效的准备，比如有观众进场的欢呼，还有一些有趣的类似尴尬、感谢、鼓掌的音效，都能很好的化解直播间出现空白的尴尬。

而背景音，也就是 BGM 的选择也是很重要的。切记音量要控制得刚好，不能盖过主播的声音，也不能感觉什么也听不到。

直播时不妨试播一下，用自己或同伴的手机感受一下。音量总体控制在开到三分之二声音的时候，不大不小，就是最适合的音量了。麦克风的设置也是一样的。不要突然大小声吓到观众，要清晰、稳定、优美又不至于出现尴尬的空白，有节奏且有趣，就能达到良好的效果了。

三、直播人气飙升技巧

1. 了解抖音直播推荐人气的背后逻辑

一如视频，对直播的推荐，抖音也是通过算法和大数据来进行推荐的，抖音首先会根据算法获得每个直播间的特征。直播间的“进入率”和“观看时长”是抖音推荐的两个重要指数。

“进入率”这个指数背后的意思是一个用户在看了你的标题和封面之后是否愿意进入你的直播间，进入率高，无疑你得到的抖音推荐可能性就高。这其实也就意味着你的预告标题封面都要做得很好。

“观看时长”就是用户进入直播间以后，停留的时长。这就意味着你的直播能不能留住观众。内容精彩与否，互动良好与否，都能决定这个时长的长短，也会影响抖音算法对你的记录以及后期推荐。

如果这两个指数都比较理想，抖音就会把你的直播间精准地推荐给喜欢你直播的观众。

抖音的直播广场也会统计这些数据，推荐高人气的直播间。所以这也是为什么选择时段十分重要，在哪个时段自己更可能被抖音算法关注推荐，就选择哪一个时段。

2. 开启同城定位

已有数据表明，同城直播的观看率会比非同城的高，所以直播时请不要忘记打开定位，也可以用方言打招呼，和粉丝互动，提高亲切感。有些方言自带喜感，也会吸引非同城的观众来观看。

但是不用全程讲方言，以免更多的人听不懂。如果你的内容仅仅和同城粉丝相关，倒是可以选择更有地方特色的表达方式，会获得高人气。

3. 在关注你的粉丝群发布直播预告

有人会说之前不是直播预热已经发过了吗？数据表明，在直播前15~45分钟再发布一次预告，来看的人会更多。而这一次发布的范围不必太广，可以在关注自己的粉丝里发，他们对你有了解，有期望，点击进入和你交流的欲望会高过陌生人，而他们停留的时长也会更长一些，便于提高你的进入率和观看时长指数，引发抖音下一轮推荐。

4. 和高人气主播PK

之前说过，如果开始没什么人气，选择连麦PK是不错的选择，而选择的人选中，和高人气的主播PK无疑是提升人气较好的方法。因为这些人背后的粉丝更多，他们直播的质量也更高，只要你对自己有充分的信心，不妨与他们PK，而且与高手过招，往往能从他们身上学习到有用的经验，看看他们是如何PK的，一定也能提升自己的直播技巧，同时也能吸引到更多的人气。

5. DOU+、抢红包倒计时和传送门礼物

这三种其实都是一种直播加热的神器，当然，都是需要付费的。DOU+前面已经阐述清楚了，不必赘述，抢红包倒计时可以在直播间下方提前设置，刺激观众一直看，不离开，提高观看时长。

而传送门礼物是将等价值的抖币放入红包，抖音就会自动邀请一定数量的新用户进入直播间，被邀请的用户在直播间停留足够时长即可领取红包，这是吸引陌生人进入直播间提高进入率的法宝。

6. 参加官方活动或者金牌签约后可以拿到推荐人气卡

这些都是抖音官方鼓励主播的方法，可以积极参与，也会获得流量的帮扶和加持。

第三节　直播间涨粉秘诀

——粉丝养成技巧、粉丝维护技巧、与粉丝的互动技巧、让粉丝增长的直播技巧

就像短视频账号的粉丝需要培养一样，直播间的粉丝也是一样需要培养、维护的，从观看的人数寥寥无几到成为百万粉丝围观的主播，不但需要良好的内容、特别的风格、适当的商品，当然也需要和粉丝沟通一些秘诀，这其中就包括粉丝养成技巧、粉丝维护技巧、与粉丝的互动技巧、让粉丝增长的直播技巧。

一、粉丝养成技巧

1. 短视频账号日常的内容要保持一定质量

要知道你直播间的很多粉丝都是你短视频账号的原有粉丝，所以你的短视频内容的优秀也决定着你粉丝养成的成功与否。

除了前文介绍的短视频制作如何创作爆款以及如何内容定位等，这里还可以给大家提供一些非常简单的短视频创作思路以增加直播间粉丝。这种方法是针对于小白最快速的方法。

（1）图+文

这是最简单的风格，可以根据你预备直播的内容选取漂亮的图片+有内涵的文字，然后千万记得和你的直播内容相关，预先在短视频进行预热。这里也可以选取剪映的剪同款或者模板等，快速的制作，只要能清楚地说明问题，且大概的类目和直播类目是完全一致的，都是可以的，这是最快能做出和直播间相配的短视频内容的方法了。

（2）专业体现

你的直播到底是什么内容？为什么吸引人？你的专业呈现的点在哪

里？这些最好在短视频里也有所体现。比如一些类似冷知识、财经快报、股票、房产，都可以在短视频中预先提出来，然后抛出一些大家都关心的问题，做直播预告，也非常有利于直播粉丝的养成。

（3）蹭热门

这是最快速的方法，前面如何蹭热门我们已经介绍了很多了，这里请记住，不要什么都蹭，最好是能和你直播的内容紧密相关，而且不妨就这些热点和专业度等，抛出几个有话题性的梗，也很容易吸引流量，从而养成直播粉丝。

2. 直播间求关注，直播用户和短视频用户互通

一般直播的空隙，可以多次提到自己的短视频账号，这样做的目的就是为了养成和固定粉丝，让短视频的粉丝和直播的粉丝打通，能在下一次直播的时候，轻易地找到他们。不用觉得不好意思，粉丝能从你这里获得价值，是会愿意一直关注你的，不管是短视频还是直播间，这样的求关注都是必要的。

3. 引导粉丝加入粉丝团，用福袋功能抽取幸运观众

福袋是对粉丝的心意，可以适当的使用，但是不是面对所有的粉丝，而是面对加入了粉丝团的粉丝。在粉丝团范围内抽取幸运观众，留住他们，下一次还可以在粉丝团里发布直播预告，提前预热等，可谓双赢。

二、粉丝维护技巧

1. 关注粉丝发言及时回应

这和之前短视频里固粉的环节基本是一样的，但是比那个更高一个维度的是，你往往可以当场回应，而且可以跟粉丝聊起天来。这样的互动效果及时，更加深入，所以会更加的受欢迎。

但是千万注意的是，有忠粉就有黑粉、路人粉，不要跟粉丝因为一些细枝末节吵起来，而是要用自己的话术、内容、人格魅力促使他们黑转粉、路转粉。

这里有一个小技巧，你可以事先把自己预备的内容再明确一遍，然后浏览粉丝留言，选取和你价值观比较一致的先聊，也可以用幽默的话术回应怼你的粉丝，化戾气为祥和，也会起到很好的效果。

2. 重要粉丝私下建立联系

一般直播一段时间以后，你都会发现几个比较出挑重要的粉丝，他们能和你进行良好的互动，在粉丝团里说话也很有分量，这样的粉丝就是重要粉丝。一旦确定，就一定要私下和他们建立联系。

一来，这样的粉丝往往很有头脑，能带给你很多良好的建议；二来，他们一定是因为关注你才会付出这么多的时间和精力，和他们尽量深入沟通成为朋友，非常有利于你的进步和了解粉丝团的痛点、爆点都在哪里。

3. 宠粉：红包福袋、线下准备小礼物快递给粉丝

在直播间发放红包福袋之外，也可以在线下手写一张卡片，或者发一些粉丝们提到刚好需要的小礼物，或者生日礼物等给对方，往往都会有很好的效果。礼轻情意重，只要让粉丝觉得你在现实生活中也和他是朋友，粉丝的忠诚度会大大提高，而且对你直播的关注度、黏度也会提升。

4. 点击关注的上粉丝灯牌，建立群聊，下次直接发布直播信息

建立了自己的粉丝团群聊，就等于拥有了私域流量，有了自己的固定粉丝。大家可以在群里良好互动，也可以方便你在群里发布下一次直播的信息，是非常有必要的一步。

5. 粉丝团有个好听的名字

一定要给自己的粉丝团起个好名字，不要太长，两到三个字最常见，一般来说三个字的最适合。这样才让粉丝好把更多的粉丝拉进来，大家能进行更加良好的互动。

三、粉丝互动技巧

1. 欢迎感谢

这是最起码的互动技巧。直播间就好比你请大家来做客的地方，有礼

貌地热烈欢迎会让粉丝感觉自己受到了重视。而很多喜欢你的粉丝送你礼物，也一定要及时表示感谢，不能只是看着，让人感觉像机器人，就很难获得粉丝的互动了。

2. 主动 QUE 粉丝

如果有一些重要的粉丝或者发言特别有趣的粉丝，可以主动 QUE 他们来进行互动，往往会起到意想不到的效果。但是要注意的是，谈话的内容要保留在直播内容的大范围之内，不要聊得太远，一旦发现话头不对，要学会 QUE 下一位，和上一位礼貌道别。

3. 选取和自己价值观一致的多聊

这是可以深入探讨直播间话题的好办法，有一些粉丝是很有头脑的，对直播的内容可以发表一些非常有深度的见解，可以和他进行良好的互动。有时也不妨多听他说，并且引申下去，这样的互动效果是最好的，也会让其他粉丝受益。

4. 学会一些基本的粉丝话术

总会有一些粉丝说话是不中听的，硬碰硬显然是最坏的选择，这个时候不妨用一些巧妙的话术过度过去。可以跟一些主持人学习，巧妙地应对粉丝。

在应对粉丝话术之外，还可以有一些能调动粉丝情绪的话术，总之直播间就像是你的客厅或者脱口秀表扬场所，必须让场子热起来，而不能冷场。出现笑场就是最好的效果了，因为人们都会记得让自己开心的场面，并且试图再度进入那个场合再次获得愉快的体验，这都是话术可以引导的。

5. 避免尬聊

尬聊就会导致冷场。如果发现不对劲，宁可停止或者用游戏、PK 等来过度都不要胡乱尬聊，大型社死现场很多都发生在直播间。即使是大 V 们的直播也都有过冷场和尬聊的时候，这时候就需要迅速把场子炒热。

可以转换话题，比如发一波红包等，也可以赶紧转为游戏、PK 或者和其他主播连麦等，总之尬聊的时长越短越好，没有人会喜欢看尴尬的场面，尤其是主播尴尬的场面，这会有损主播形象，导致直播间的进入率和观看时长都大大降低，也会影响将来的直播。当然如果尴尬就是你的特色，其中其实是有深意的，而观众也吃这一套，则不在此例。

6. PK 游戏、真心话大冒险等

这是与粉丝互动的法宝。各种游戏都可以玩起来，成语接龙、真心话大冒险等，都会促进粉丝的互动，而且如果是 PK 游戏，就会有更多的人观看。因为 PK 带有惩罚，有些人还专门喜欢看这一类的。其实 PK 不是一定要赢，输了也不要紧，只要有趣、好玩、有创意的完成惩罚，一样能起到非常好的互动效果。

四、粉丝增长技巧

总结了以上的粉丝养成技巧、维护技巧、互动技巧，这里再阐述一下粉丝的增长技巧，这里的技巧主要针对于直播间的一些特性，有如下几条：

1. 良好的直播习惯

这习惯包括具体的时段、提前预告、以及培养粉丝观看习惯三点。

设置具体时段不单包括直播的时间，还要包括直播中具体设置的环节时段，比如讲解时段、互动时段、红包时段、游戏时段、PK 时段、带货时段，不一定一场直播中什么都有，但是如果你已经有了自己的直播风格，就要把这些时段合理分配且尽量的固定下来，这样粉丝就像观看电视节目，可能会为了等某个时段而看完整场直播。

这样具体的时段设定好，对应每期的内容，就请一定要做好预告。之前已经说过可以在自己的主页里，也可以在短视频里，用贴纸或者在视频结尾进行预告，在粉丝团群聊里预告，DOU+等也可以用上，总之必须养成直播预告的习惯，并且尽量多预告，吸引更多的粉丝。

好的直播必须是稳定的、可期待的，一旦形成了习惯，就不要轻易改变。比如你已经固定在每周二、四下午直播，就不要随意改变这个时段；比如你每次直播都有一些固定的时段，也不要轻易地减少，这样，日积月累加深粉丝的习惯，他们就会在那个时段有所期待，以后不用预告也会习惯性地来看，这样是最好的增长粉丝和固定粉丝的习惯。

2. 直播时长稳定

这也是很必要的，有些人以为直播如果人气旺就多播一会儿，人气低就少播一会儿，这看似合理，实则是极不专业的行为，因为每一次直播你都想好了要说哪些内容，这些内容一定是要经过提前规划的，太长或者太短，都会导致你和之前的策划有偏差，你的粉丝接受起来也很困惑。

而固定的时长也有利于粉丝们控制自己的时间，不会觉得看你的直播耽误时间或者被忽悠了，五分钟就结束了。

这和电视节目的剧集、综艺节目等等的道理都是相通的，必须有个大概的稳定时长，才会收获稳定的粉丝来观看。

3. 直播内容有趣、常新

这也是直播增长粉丝最关键的一点，毕竟大家的时间都是宝贵的，进入你的直播间，那么粉丝们就是想获得某种满足，这种满足可能是很简单的，比如秒杀买到便宜又好的东西或者是收获传送门等的各种红包。

但是这种需求不是长久的，直播中的内容才是持续吸引粉丝增长的关键。你的内容可以幽默搞笑，可以具备独特的才艺，可以是热门的脱口秀，也可以是各种看着过瘾的 PK 等，满足人们的心理需求，往往会更加持久地提升粉丝数量和忠实度。

直播就好比一台节目，或者一档综艺、电视、剧情秀、脱口秀，要尽量表现你的创意和才艺，而不是只会乱撒钱的空心大佬。

要满足人们猎奇、学习、感知同样的情感或者获得愉悦感受的需求，你的直播内容一定要有吸引力。

而且一定要学会常换常新，不要一味抄袭重复自己，更不要抄袭重复他人。加入一些热点或者自己新的内容点，都是很重要的，这样才能稳定住老粉丝，增加新粉丝。

4. 直播间管理员

在直播间大火的时候，主播之外，可以配备一些管理员。他们可以负责吆喝，配合，比如用一些 SOLGAN 提高直播间的辨识度，反复播送，也可以和主播有一些好玩的互动，同时可以解决主播一个人忙不过来，无法保证核心内容输出的困扰。

5. 互动不要停

这也是最重要的，直播间的特点就是互动，所以互动不能停。必须时刻留意粉丝的声音，在说完自己的内容后要第一时间关心粉丝的回馈，并积极回应。哪怕粉丝没问题，都要用 PK 游戏等互动起来，千万不要演独角戏，直播间的粉丝增长就会垮下来了。

第四节　直播避雷指南

——六大雷区：过火违规、PK 低俗惩罚、主播不面对镜头、沉默、索要礼物、不能坚持

知道了一些直播间的初级知识，接下来必须要知道和了解的就是新手容易触碰的直播间雷区了。可以在直播间根据这个指南进行自检，避免踩雷。

一、标题起得过火，主播着装过火、动作过火、未成年人单独出镜等违规行为

前面已经说过，直播的标题是很重要的，但是有些主播为了争取更多的话题度或关注度，用一些惊悚或者夸大的字眼。如若只停留在稍微夸大的范围还好，但是如果触碰了抖音审查的红线，就会导致直播被重置，或者账号被封。

还有一些直播，直播过程中主播的穿着也会成为被封号或者停播的原因。比如过度地露出自己的皮肤部分；还有即使没有敏感部位，但是有一些暗示，如在关键部位贴马赛克等，都是不被允许的。

而即使服装符合规定，比如女性主播过大幅度地晃动胸部，或者故意弯腰，翘臀，以及一些嘴部特殊的动作，如舔瓶口等特写，也都会被认为

是带有色情暗示内容，遭到处罚。

另外，抖音出于保护未成年人的目的，禁止未成年人单独出镜，即使一些亲子类的以儿童为主的，也必须在有成人陪伴的情况下进行直播。

另外之前已经提过的类似刀具、枪、杀伤性武器以及赌博、高危金融、高危医疗等内容都是不允许在直播间出现的。

所以在直播之前请反复检视细节，简单地说，短视频平台不允许的在直播间肯定也是不被允许的。

而短视频可能允许的，在直播中也会被管控得很严。一旦受到抖音官方的通知，就要及时整改，免得耽误播出，引起自己的不便。

二、PK 低俗惩罚

这也是常见的雷区，有些 PK 惩罚还算有趣，而且可以发挥自己的创意来完成，但是有些惩罚带有恶搞或者侮辱的性质，就会被惩处了。

即使惩罚对人的伤害很小，或者是仅仅出于恶作剧的目的，但是一旦触发了低俗惩罚的红线，也会被立刻处罚。

举例说明，比如头顶水杯深蹲是没有问题的，但是如果穿着暴露这么做就不可以；比如真心话大冒险给谁打电话也是没问题的，但是如果电话中出现粗口等，没有被掩盖掉，就属于触发红线。

还有惩罚本身就有明显的暗示，比如女性大腿夹东西，恶意吃一些恶心的东西，浪费食物蛋糕糊脸等，都会被惩罚。

请记得 PK 惩罚应该是以趣味为主，不是以整人为主，画面也是要以搞笑有趣为主，而不是故意看人出丑难堪以及难受为主。必须严格区分，不要触碰红线。

另外抖音官方对于滋扰挑衅，引导恶俗过激行为，以及通过低俗笑话传播不符合社会良好风尚的内容，影响平台用户观感、扰乱平台生态的一切行为都视为低俗 PK，会予以断播或者封号。

三、直播主播不会面对镜头

这是新手主播经常会触碰的雷区，因为大部分人都会盯着屏幕看，而不是手机镜头。请注意你的手机镜头往往位于屏幕上方中间，你盯着那里看，观众看到的你才会是你面对他们的样子，才会感觉的到和你眼神的交流，有良好的互动感。

如果你只是盯着屏幕里自己的形象看，看起来就好像你一直在看别处，观众的互动感差，也就很难和你共情。这和两个人面对面聊天，但是你一直盯着别处说话是一样的，让人感觉不尊重人，很难愿意和你沟通。

另外，主播如果是坐着，请务必注意形态，至少感觉你是认真在和屏幕另一边的大家沟通，而不是勉强对付的状态，而且观众看不清主播也很难和你沟通，会马上离开直播室。

如果是站着或者需要活动，请注意也一样是要面对屏幕，不能给背影或者侧脸，这都不利于直播的进行。比如要感觉自己好像就是面对面地跟所有粉丝见面，如果正脸都不露，也就很难让人感觉到互动的诚意了。

四、直播主播陷入沉默

这是比尬聊还要糟糕的情况，即使主播的形象非常好，也不能不说话。

直播的主要目的就是交谈，而长时间沉默的直播间，就算主播自己忍得下去，粉丝忍得下去，抖音官方也会干脆关停的。

直播必须是有内容的，可以短暂的停顿，但是绝不能长时间地陷入沉默。尤其是一些新人主播，又要完成直播时长，但是又无话可说，不愿意PK游戏，也不愿连麦，这都是不可行的。

建议实在担心这一点的主播，可以实行双主播制，两个主播之间就算没话说，但是有一些互动也都是可以的。一个陷入沉默后，另一个主导谈话也是可以的。就算是一些步骤性的画面展示，也最好有旁白和粉丝互动。

五、主播一开口就要礼物

有些主播挣钱心切，一开口就是要礼物，这也是一种常见的雷区。这种行为拉低了自己的档次，而且容易引起粉丝的反感，还很容易触发抖音红线。

别人刷礼物一定是欣赏主播的一些内容或者传递的价值。直接要礼物无异乞讨，毫无技术含量，且不具备持久性。

没有喜欢是无缘无故的，必须提供更优质的内容，给予人各种情感或者价值上的满足，才能获得回报。

这也是抖音直播的一大雷区之一，不要触碰。

六、直播不能坚持

这是最常见的直播雷区了，很多人都只看到了大 V 们现在直播间的热闹，却很难看见他们也是小白的时候，持续直播的坚持和艰辛。

很少有事情是可以一蹴而就的，大部分都需要长期的坚持和积累。就算最开始直播的效果不好，也不要轻易放弃。可以给自己定出一个又一个小目标，比如最开始的一个月，只要直播人数满一百就好，然后一点点地累加，反复回头看自己为什么某场直播数据很糟，某场又还不错，细心地进行相应时间段、内容和粉丝互动的分析，找到粉丝真正的需求点在哪里。

然后，再来结合短视频，反复琢磨，做下一次的直播内容规划，同时可以利用直播 DOU+等来精准推荐给需要的用户，反复地锤炼打磨，总会有直播间人气爆火的一天。

就算是 PK，也需要从一开始的小白到后期的常客，一点点地积累人气，凡事坚持不一定有机会成功，但是不坚持就一定没机会，这是亘古不变的道理，同样也适用于直播。

另外，如果直播人气不景气或者屡屡碰触雷区，还可以参考同类主播的内容和标准，看看人气主播们的着装、说话风格，以及直播画面等的具体设置。最开始依样画葫芦，逐渐拿来主义，最后形成自己的风格，也是很好的避雷方法。

当然，还可以在抖音主播中心学习《主播入驻协议》《直播行为规范》，切实了解到底哪些行为可行哪些不可行，这里简单总结了一些，供大家参考避免踩雷。

1. 个人主播必须用自己的身份证号认证，如果身份证和主播不是一个人，会被永久封号，如果不想本人出镜，可以企业认证，升级蓝 V，就可以不是本人出镜了。

2. 违规分为 AB 两大类，A 类将会导致永久封禁，全网封禁等，B 类会根据严重程度给予断播、封禁一天、三天、七天、永久封禁、全网封禁的不同级别。

3. A 类违规是指：反党反政府言论、诋毁党和国家的行为；直接或者间接传播隐晦色情信息，进行隐晦色情表演的；散布谣言，聚众扰乱社会秩序的；破坏国家宗教政策、宣扬邪教和封建迷信的；展示赌博、毒品、枪支等严重违规的，残疾人乞讨、现役军人直播的；宣传其他直播平台、多平台开播，非本人实名认证开播的；冒充直播平台或者媒体开播的；危害自身安全内容，包括自残、自杀、自虐等，或者威胁他人人身安全，殴打威胁他人的；组织、宣传、诱导他人进行传销的、未满 18 岁的未成年人直播的。

4. B 类违规是指：低俗、引诱、着装暴露、性暗示、不雅肢体动作、抽烟喝酒、床上直播、开车直播等内容；穿着国家机关工作人员、军队的工作制服直播的；谈论政治、丑化英烈或者拍摄路人打架、斗殴的；攻击性、羞辱性、歧视性语言或行为；歌词、语言中含有谩骂字眼，包括口头禅形式谩骂的；传播或者散布会对他人造成伤害的信息，以任何形式挑起恶意争端，个人或者组织用户对平台其他用户抹黑、诋毁攻击的；扰乱正常直播秩序的；喊麦、社会摇、低俗热舞等直播内容；捕杀、虐待动物或者拍摄各类事故的血腥、恐怖场面的；恶意宣传、发布广告的；拍摄、转播、宣传非抖音平台的其他直播平台内容的；涉政、涉黄、违法侵权以及其他违反抖音直播和秩序的；侵权的包括但不限于电影电视节目、其他视频网站有版权保护节目的等等。

5. 另外针对未成年人，抖音不鼓励未成年人付费打赏主播，主播更不能引导未成年人充值付费，即使未成年人已经充值付费，抖音平台也会判定为无效，主播必须配合平台如数退回，否则将被平台处罚。

以上就是直播的大致雷区范围，当然很多人开直播的目的都是为了变现，之前很多短视频涨粉的目的也在于此。在后续的变现章节，我们将讲述抖音如何变现的内容，以及相关变现技巧。

第七章 变 现

其实抖音账号经营、直播的锤炼最终的目的都是为了实现账号的商业价值，所以如何变现是非常重要的一环，只有通过变现，账号变成达人才有实际价值。变现可以在最开始的运营中就可以植入，而变现的方式其实也是多种多样的。抖音对“抖商”的扶植也是逐年增长，如何完美实现变现，形成完整的抖音账号经营良性循环呢？本章将为你逐一解答。

第一节 抖音引流变现的三域理论

——抖音的公域流量、商域流量、私域流量及其营销变现逻辑

要想弄明白抖音是如何变现的，首先要明白抖音变现著名的三域理论。这种理论是在 2018 年，GDMS 全球数字峰会上，由抖音官方提出的，全称是“三域理论营销管理流量场”。抖音官方在发布的《抖音短视频营销通案》中提出，“公域流量”“私域流量”“商域流量”这三条通路来归纳流量在抖音平台上的沉淀和转化。

其实公域流量、商域流量、私域流量针对于抖音小白或者达人来说，运营的基本思路都是将三种流量形成矩阵式传播，最后将公域、商域流量

转化为私域流量的过程。

下面本书将详解这三域背后不同的含义以及背后的营销变现逻辑。

一、抖音公域流量

抖音公域流量其实是指抖音平台上所有人都可以共享的的推荐流量，包括了抖音平台上所有人的内容创作、星图、挑战赛、贴纸、音乐等。公域流量的推广工具是 LINK 计划以及 DOU+等。

公域流量是三域流量中最大的，具体包含如下类目：

1. 抖音平台所有用户的内容

抖音平台的所有账户的内容都可以拥有公域流量，这里的用户涵盖了明星、达人、小白。所有人的内容，都可以享用公域流量。或者说公域流量也是大家所有人带来的。因为内容同时也是产生流量的基础。

这部分流量在抖音运营中是最优先级别的。所以持续输入优质的内容，会吸引更多的这部分公域流量进入自己的私域流量，这是最重要的。

2. 星图

星图其实就是抖音官方平台架设的，也叫巨量星图，它让品牌主推广方与 MCN 公司、明星、达人等建立良好推广关系的任务接单平台，这里抖音承担的作用主要是中介以及内容管理两项。

简单地说，星图的运作原理就是让有需要推广的品牌主在星图平台发布任务要求，选择合适的明星、MCN 公司、达人等帮助推广。

而 MCN 公司或者明星达人也可以从星图平台接单，挣钱变现。

品牌方广告主可以进入达人广场，从数以万计的达人中按照划分好的标签迅速锁定需要合作的达人，而达人也可以通过自己的固定内容获得稳定的标签以准确的定位来服务品牌商。

星图平台作为一个中介平台为双方服务，同时也可以通过星图平台进行内容管理。而一些 MCN 公司也可以通过这个平台对旗下的达人进行管理。这样的管理有利于抖音的良好正向发展，也有利于品牌主推广方尽可能的打到自己需要的效果，而达人们也可以在规范的管理下得到变现的保障，制作出符合管理规定的内容。

3. 挑战赛、贴纸、音乐等

（1）挑战赛

这里的挑战赛主要是指品牌方发起的，天猫双 11 或者支付宝、唯品会等品牌商都通过抖音发起过挑战赛。

主要的做法就是品牌配合自己的活动在抖音发布各种相关的挑战，吸引大家参加，以及制作相关的视频等，让大家可以参与。

（2）贴纸

这里最常见的就是抖音红包贴纸了，抖音连续几年参与中央电视台的春节联欢晚会，每一个时段挑选一个明星来发布红包贴纸，获得了极高的人气。其实贴纸还包括很多玩法，之前抖音热门贴纸甚至入围了抖音年度大数据的报告中，贴纸的特点就是互动性强容易吸引大家参与，并且推广度高，流量也高，是不错的公域流量组成部分。

（3）音乐

抖音的背景音乐很多时候都能成为“洗脑神曲”，比如“你爱我我爱你蜜雪冰城甜蜜蜜”就是最新的洗脑神曲，通过这样的神曲推广也可以让品牌的形象深入人心。

而一些音乐正是因为在抖音上被反复引用才冲上音乐排行榜，引发良性的流量循环。

BGM、跟唱、帮唱等都成为热门音乐冲榜的基础。

抖音公域流量有两个推广的工具，一个是之前我们已经多次提到的 DOU+，还有一个就是抖 LINK，这里的抖代表着抖音，LINK 直译就是纽带。这个纽带链接着品牌方、商家、服务商、创作者、MCN 等，以内容驱动生意增长，根据抖音的原有内容和商业需求进行匹配，在视频中加入抖 LINK 的标签，这个标签被点击后就可以迅速跳转到内部链接页。抖 LINK 的官方选品会现在也十分红火，在 618 购物节中有很突出的表现。

抖音在抖 LINK 官方有些政策性的帮扶、奖励，同时有针对达人的培养计划——品牌商家与达人的建联、货品组织等，还有星云计划的推出，很有利于达人的成长。

二、抖音商域流量

抖音的商域流量包括硬广类和软广类两种。

1. 硬广类

这包括开屏广告和按效果收费的信息流广告两种。

（1）开屏广告

一般分为 3 秒静态图、4 秒动态图以及 5 秒视频三种。这种广告的效果就是只要打开抖音 APP 就会被观看，所以收费最贵，一般都要上百万元一天，但是效果会非常好，所以大的品牌以及需要进行大的活动宣传的时候会用上。

（2）信息流广告

这种广告说穿了就是按照效果付费，比如在某个时间段之内一定能获得预期的预设流量。

这种广告分为竞价类和保量购买类两种。

这种广告的商域流量推广往往适合于品牌推广方、商家根据自己预设的宣传效果来进行选择，此处不再细说。

2. 软广

这种广告又叫创新非标类广告，顾名思义，形式非常的多样化，大部分都需要和内容巧妙结合，同时与观看者的趣味性相结合，形成良好的商域流量，主要分为以下几种：

（1）话题类：

这也是最常见的一种软广，比如话题广场的很多热搜话题就是这一类，还有一些热搜词汇、挑战赛话题等等。只要是话题类的热榜，就是这一类。

（2）搜索类：

这也是抖音近期比较关注的一个类别，热搜话题，热搜榜，都有相应的多条内容。

（3）直播类：直播类广告有直播首页的宣传广告图、H5 等。

（4）定制类：贴纸就在这一类中，还有头像挂件、视频挂件、用户红包、挑战赛页面等。

（5）音乐类：音乐榜单是最常见的。

（6）站内信类：这种往往是通过站内信发送的。

还有一些比如发现首页顶部的宣传图、热搜顶部宣传图等也都属于这个类目。

三、私域流量

如本节开头所说，这个流量才是与我们大多数人相关并且可由我们自己掌控的流量。了解公域流量、商域流量的含义和运作方法，主要就是为了把这些流量转化为私域流量，让这三种流量实现矩阵式传播。

其实不止在抖音，在任何一个互联网平台，最重要的都是要拥有自己的私域流量。

之前直播提到的粉丝群就是典型的私域流量，私域流量一个典型的特点就是拥有粉丝群，而这个群必须是有共同兴趣爱好，标签分明，且有良好互动的。

抖音账号的粉丝量并不完全等于私域流量，活跃的参与度高的才算。私域流量的价值主要是为了长期转化，以及裂变获得更多的公域流量。所谓长期转化是不断发掘粉丝们的发展需求，满足他们的需求；而裂变就是扩大粉丝群，也就是原有粉丝不断地类似核爆炸裂变，让更多的粉丝涌进来。其实私域流量是一种有共同目标的，为粉丝提供服务的过程，千万不能理解成“割韭菜”的过程，有这种思路是经营不下去的。

而且一定要不断地裂变，私域流量才能经营的好。

搞明白了抖音引流变现的三域营销理论，下面就可以来帮大家阐述一下具体的变现有哪些方法了。

■ 第二节 抖音星图平台变现法

——如何成为星图可接单达人、如何开通购物车、如何接单接不停？

上一节我们已经介绍了抖音星图平台的大概功能，也就是让品牌主推广方和 MCN、达人等直接达成推广的中介和管理平台。

那么，作为抖音小白，该如何从星图平台赚到钱呢？

一、成为星图可接单达人

首先，开通星图达人的必要条件是抖音账号要超过 1000 粉丝。虽然有些条款上写的是星图达人需要一万以上粉丝量，但是其实一千粉丝就可以开通了，而从普通账号成为星图可接单达人有两种开通方式。

第一种是手机端，具体的方法是：

点击抖音首页右下角的“我”，点击左上方的三条横杠标志，在拉出来的菜单项中选择创作者服务中心，在变现能力版块找到“我的星图”，这时候会出现星图达人入驻协议，不妨仔细阅读。协议上包括合作期限、服务费用等细节，还有账号的管理规定，不能违法那些法律法规、道德风尚以及信息真实性等的规定，这会方便你将来进行星图达人接单时少走弯路，全部看完后点击同意，然后就进入开通任务完善信息的步骤。

这里可以只开通抖音传播任务，也就是可以根据客户的诉求拍摄软性广告视频的任务。当然你也可以根据自己的需求选择自由任务，也就是参加线下商演，进行品牌代言等非视频类任务。最好同时开通投稿任务，就是根据客户的要求发布视频投稿，客户择优进行奖励等，这一步就完成了。

开通任务后会弹出一个画面，请你按照 1~20 秒报价，21~60 秒报价你希望得到的任务报酬。如果你一开始不知道该填多少，也可以根据一边的建议报价来。也可以去看一下别的达人大概的收费情况。

这个报价每月 1~25 日可以修改，但是只有到下个月才能生效。也就是一次报价决定了一个月的报价水平。

报价填写完毕后，请填写任务手机号，这是为了方便客户与你联系。

第二种开通方法是在电脑端。

首先搜索登录 star. toutiao. com，选择达人登录，点击抖音平台，使用在 APP 上绑定的手机号，直接扫描二维码或者输入验证码登录。进入星图平台后，完善星图账号信息，以便接收任务。首先绑定媒体账号，然后申请开通任务，最后如手机端一样完善报价。

这两种方法的最后都是提现设置，一样要先绑定手机号，其次输入使用和提现账号完全一致的证件号，这里要特别小心不要输错，因为一旦绑定后，这个号码就不能修改了。

最后绑定支付宝或者银行卡，设置完成。

成为星图达人后，点击创作者服务中心变现能力下的“我的星图”，然后点击下方任务大厅，然后再点击我可投稿，选择自己感兴趣并且可以制作的任务，根据任务要求拍摄制作视频，然后点击我要参与，上传录制好的视频，视频发布通过审核后，就可以获得报酬变现了。

二、开通购物车

随着抖音星图的发展，商家们从抖音星图找达人的需求也越来越多，开通购物车首先可以接到商家的带货佣金，同时还可以在抖音 APP 拥有个人主页商品橱窗，支持大家自己添加平台精选商品以及淘宝、京东、考拉海购、唯品会、苏宁易购等多个第三方商品，而且还将拥有抖音主页个人视频置顶功能，同时还会拥有 DOU+功能。支持登录达人电脑端管理平台

(e. douyin. com) 可在电脑端回复消息、设置私信自动回复、私信自定义菜单、查看账号运营数据、置顶评论等功能。

开通星图购物车需要满足的条件有四个：第一还是一千名以上的粉丝，第二拥有十条非隐私视频，第三需要实名认证，第四需要 500 元保证金，这个保证金将来是可以退回的。

开通的具体步骤是：打开抖音 APP 首页右下角的“我”，然后点击左上角三条横杠，进入创作者服务中心，选择可开通能力下面的商品分享功能，完成实名认证，阅读抖音达人商品分享协议，选择同意，然后点击下方的立即申请按钮，在新出现的页面上，按照要求填写手机号、微信号、所卖商品类目，所属机构/MCN 是否自由店铺等。请注意务必如实填写，而且商品类目一定要准确，检查无误后点击提交。

然后你就可以通过抖音 APP 里的消息，查看购物助手是否发来审核结果通过的消息。

开通完毕后，这个账号就可以接受星图任务广场里带有购物车功能的订单了，这些订单的旁边都有点“购物车组件”的标识，点击去接收，就可以接收广告主种草带货订单了。

带有购物车的星图账号会比没有购物车的接单范围更广，且收入更加稳定，而且每卖出一单商品，都有佣金的分成，也是不错的变现手段。

三、如何接单接不停

同为星图达人，有的人可以接到很多单子，而有些却无人问津，仅仅是因为小白和大 V 的区别吗？其实不然。因为价格便宜其实也比较容易接到单子，而如果你让品牌方广告主们觉得你物有所值，你就能逐月稳步增长自己的报酬，而带货的量也会上去，分成也会多起来，并且能被抖音平台注意到，推广给更多的人，那么如何让自己接单接不停呢？这里分享几个诀窍。

1. 按照广告主要求拍摄视频的能力必须提升

星图任务较为重要的一项就是能按照客户的要求拍摄视频或者投稿给

客户，获得审核通过。所以视频的拍摄能力是必须较为优秀，且能获得较好数据的，只拥有很多粉丝，但是这方面很弱，在星图上一样接不到任务，获取不了较好的数据，这是核心要求，必须加强。

2. 购物车带货变现能力必须要有

这个在之前也已经说过，带购物车的星图账号才能接一些带购物车要求的任务，而且这些任务都可以获得佣金。

3. 在星图平台将自己的分类标识清楚

比如你到底是颜值达人、剧情搞笑达人、美妆达人，还是亲子达人，选定后在这些大类目下还有比如美妆教程、妆容展示等等子选项，最好都清楚地选上，这样才有利于客户找到你，如果你不知道自己的类目，这会非常不利，也很难接到任务。另外一旦选定了就切记不要换来换去，如果非要更换，就要及时梗概标签，才方便下一步的接单。

4. 合理报价

所谓合理不一定是低的报价，而是一个合适的，性价比高的报价，可以参考以下抖音平台给你的建议报价，也可以看看同类目下达人的报价，同时学会看懂自己的数据分析，得出自己大致的市场定位，由此来做报价。同时还需要有一定的策略，比如一开始如果同类目差不多，愿意以薄利多销打开局面，可以适当降价，而在成长期，发现自己的涨粉速度很快，可以及时调高，而如果这个时候发现性价比其实会有一个合适的额度，也可以调整回来。总之每一次的报价都只持续一个月，可以适当地根据自己当时的情况来重新定价。

5. 利用抖音平台的辅助标签

这一点也叫抖音平台的辅助曝光功能，这其中包括比如地理位置、性别、风格类型等选项。一般位于星图平台标签类目的下方，有些人会忽略这些标签，不予填写，其实比如地理位置这个功能，有些餐馆、实体体验店等就只找地理位置同城的账号来推广。如果不写，就错过了跟客户精准对接的机会了。

而比如性别、风格等也很重要，要知道广告主是无法从浩如烟海的账号里找到你的，但是他列出的这些辅助标签就能让他的特殊要求可以和你精准地对接，所以一定要填写清楚。

6. 想办法拥有抖音推荐标签

抖音会给星图上的创作者们贴一些很有利于表现他们特色且容易被广告主选中的标签，比如涨粉黑马，这意味着这个创作者的粉丝涨势迅猛，即使之前是小白，但是成长速度很快，很多广告主都愿意选择这样带有很大潜力的创作者，挖掘他们在上升期的价值。但是这标签不是无缘无故贴上的，也是因为背后的数据流量算法得出的，所以自己的粉丝运营以及视频制作等都要多下功夫。

还有比如高性价比这样的标签，这是抖音平台通过评估达人近期订单数据得出合理报价的记录来贴给创作者的。这就牵涉到之前我们说的报价一定要合理的问题。这样的标签也会吸引来很多的广告主在达人这里发布任务，所以定价必须多琢磨，同时要看得懂自己的数据分析，才能得到最好的效果。

7. 达人主页的关键数据指数要看得懂且懂得运用

这里最重要的就是综合指数，也就是传播指数、成长指数、商业指数这三个数据。每个数据的下方都会有一条是否超过百分之多少的达人这样的话，这方便你在看数据的时候明白自己到底在星图达人中位于一个怎样的段位。而同时三个指数放在一起也方便你看到自己做得好的和不足的部分，可以加以修正。

在综合指数下，代表作品的完播率，互动指数也会展示。你可以看到自己的哪一条代表作是好的，互动点又是什么，从而得出分析，以便今后学习。

重点数据包括完成任务数、任务预期播放量、预期 CPM（基于账号预计播放量与当前报价计算出的千人成本评估）这三条。这也是客户最看重的三条，因为很容易看出来创作者的性价比和经验值。

除了以上，还要学会看粉丝画像，里面有粉丝性别占比，和整体粉丝轻度、中度、重度活跃度占比。在星图的环节，活跃的粉丝才是有用的粉丝，僵尸粉等在变现层面是完全行不通的，所以必须很重视活跃度，才能明白自己是不是真的受欢迎。

最后一项就是数据趋势，这里会用柱状图，来标明作品播放量和热赞、评论、分享等情况，而且还会表明近期粉丝增长、减低的情况。可以清楚看出自己到底是哪一步做的好让粉丝裂变增加，哪一步做得让粉丝脱粉，整体的趋势又是什么。

8. 善于利用推荐榜单

星图平台会根据客户需求和营销节日等出具各种推荐榜单，这是非常有利于达人们接单的一个渠道，因为除了达人广场，这里有最高的曝光度。所以要不时关注星图平台新推出的客户营销项目以及在节假日等重要节点提前做准备，提前布局，方便上榜。

9. 尽快完成新手任务，增加平台活跃度，成为高活跃度账号

对于小白来说，完成新手任务是很有必要的，而且请尽量在短时间内完成，不要怕失败，只要坚持不懈，一定能获得成功。而新手任务完成后，创作者也基本摸清了星图的规律，就可以更加活跃地去接单了。

星图平台最看重的指数就是活跃度，不管之前的案例再成功，但是如果活跃度很低，都会被降低权重，以及不在推荐之列。

学会了以上九条，创作者成为真正的达人，接单接到手软的目标，将迅速达成。很多人都觉得星图的门槛高，其实只要足够努力，星图，是相当不错的变现手段。

■ 第三节　抖音最适合小白变现和成长的变现法

——零粉丝可进行的全民任务和对小白最友好的团购带货

对于抖音小白来说，打开抖音创作者中心你会发现变现能力版块里一定有两个这样的版块——全民任务和团购带货。

这是对于小白来说最容易上手的两个任务，且门槛低，易操作，甚至比星图都更容易做到，本节内容就将为你揭秘如何操作这两种变现方法。

一、零粉丝可进行的全民任务

这是最适合抖音小白参与的变现项目，因为这种变现方法即使是零粉丝的账号也可以做，任务的要求也非常简单，只需要在发布视频的时候添加相关话题就可以了，一天可以做五个任务。任务包括现金奖励和流量奖励。

（一）全民任务具体操作方法

具体的操作方法是打开抖音创作者服务中心，找到变现能力版块下的“全民任务”，打开可以先浏览一遍任务列表，对于有涨粉需要的小白来说，流量任务和现金任务一起做是最好的。之所以不直接只做现金，是因为好的流量也会提升你的变现能力，这二者是相辅相成的。一旦你的作品播放量变大，也会带动其他作品的播放量。

从任务列表中你可以选择自己觉得有把握的点开，认真阅读任务玩法，里面有必选要求还有可选要求。

所谓必选要求，具体的比如添加指定话题，使用指定贴纸，@ 指定账号，以及内容的风格、要求等。这些一定要做到才算完成任务。

而下面的可选要求里，如有指定的 SOLGAN 要出现在视频口播里，或者使用指定的音乐，是否需要合拍，是否需要关注任务的官方账号，以及视频的内容要出现什么必要元素等。这里尽量地去满足这些要求，也会更容易完成任务。

如果还是不知道怎么做，不妨打开任务玩法旁边的排行版块，会有别人合格的作品，并且按照热度排列，看看别人是怎么拍的，多多学习（注意：千万不要照抄），就大概可以明白自己应该如何拍摄。结合自己的创意，反复思考，精心打磨，再点击立即参与，开始拍摄或者上传拍好的作品即可。

拍摄或上传完毕后，点击下一步，系统就会自动带上这条任务的相关话题，在标题、已添加任务，以及公开可见的上方都能看到，最后点击发布。

经过审核通过后，只要有播放量就能获得收益，这收益可能是流量也可能是现金。

现金任务可以通过创作者服务中心，打开任务中心右上角的“查看更多”，然后在新页面右下角点击“我的”就可以看到你的可提现金额以及今日收益等项目了，然后点击去提现，即可完成。下方还有结算记录和提现记录，可以清楚看到你的收益情况了。

（二）全民任务审核标准

有很多小白都会被卡在审核这一步，而且百思不得其解，自己到底为什么不过，这里提供四条自检标准给大家参考。

1. 必选要求是否达到

必选要求没达到是肯定不能通过的，比如是否添加了指定话题，是否使用了指定音乐，是否做出了要求里诸如什么手势之类的要求，或者是否出现了要求中禁止的比如出现其他产品品牌等。

有些人以为必选要求是可以只遵从里面的几条即可，其实不然，必须符合所有的必选要求，审核才可能通过。可选要求里才是可以不用全部做到的。千万要注意。

2. 视频内容与话题无关

达到了所有必须要求后，有些小白制作者以为就肯定通过了，这也不对，因为做全民任务最重要的是你的视频内容一定要与任务话题紧密相关，不能只做到要求，而实际内容与话题并没有太大的联系，这也是不可以的。这种滥竽充数的行为肯定是不行的，而如果出现搬运内容也是禁止的。原创性是全民任务很看重的一点，只有是原创且与任务相关，才会审核通过。

3. 重复、抄袭、刷赞的视频

有些人以为把一个作品重复发布就可以完成多个任务，获得更多奖励。这种做法当然是不可行的，平台很容易检查出来，而如前所说，搬运抄袭不尊重原创的作品也是不行的。

还有刷赞行为也是严重的作弊，审核很容易发现，而且也会禁止，必须通过自己真正的原创而不是投机取巧，才会获得收益。

只有原创的高质量视频会获得更高的奖励，请务必发挥自己的创意，做出自己的风格才能持续的完成任务，获得好的收益。

4. 低俗、有恶意的视频

有些人以为低俗就是接地气，或者用攻击他人，提出一些故意引战的话题来取得人气，这都是不可取的行为。而且全民任务的视频也必须符合抖音全平台的视频审核规则，并且符合抖音提倡正能量的原则。

不能以无聊当有趣，这也会完全通不过审核。请务必注意。

（三）全民任务高收益视频如何制作

1. 任务与视频结合一定要既自然又有创意

拍出高收益视频的第一点就是要有创意，而且切忌生搬硬套，变成念广告，而是要先考虑自己账号的定位也就是人设该如何与任务相结合，最好还要结合自己的优势定位点，再加入创意。可以是日常的接地气的，也可以是酷炫的有才艺的，更可以是有内涵且让人产生极强记忆点的，总之都要自然，且有创意。

2. 开头就要有看点

可以在一开始的文案就设置一个吸引人看下去的话题点，充分勾起大家的兴趣；也可以在开始几秒就设置某个矛盾冲突，总之就是把你的爆点放到最开头来，哪怕后面再来按顺序、插叙解释都可以。一定要在开头就抓住观众，吸引看完。开头设置的点也可以在结尾予以反转，获得更好的效果。

3. 热门音乐等元素的加入

有些洗脑神曲的 BGM 会自带加持效果，致使观众神差鬼使都要听完才离开，这就给了视频成为高收益视频机会。除了音乐，一切热门元素都可以加入，但是切忌太杂，重点还是在任务的必须要求和内容上。

4. 加入一些有趣的动图或者创意效果以及酷炫的转场

对于小白来说，好玩的动图、创意效果以及酷炫的转场都会大大增加视频的可看性，而且这些元素剪辑进去并不复杂，会提升视频的品质，在所有视频中脱颖而出，成为排行较前的视频，从而引发更多人观看，成为高收益视频。

5. 学习热门剪辑效果，笑点、泪点、爆点的加入

这一点其实可以参考很多热门综艺，本来平淡的叙事中加入一些特别的音效或者潜台词 OS 的文字，都会起到很好的效果，充分地调动笑点、泪点、爆点的飙升，从而达到很好的效果。

也可以参考或加入一些表情包的做法，加入好玩的剪辑效果，这些都在剪映等 APP 里不难找到。

6. 独有风格演绎

这是最高要求了，前面所有的要求都做到后，如果你能顺利的形成自己的独有风格，有一些记忆点，让人一看到某些视频甚至未必是你的，都能想起你的时候，风格就已经行成了。

独有风格的演绎是最容易获得高收益的。

一旦有了高收益视频，你的流量和现金回报会齐头并进地增加，而零粉丝的情况会得到充分的改善。只要粉丝数满了一千人，你就可以去做星图接单、直播、商品橱窗，以及马上要讲到的团购带货等等需要门槛的几乎大多数变现了。

二、对小白最友好的团购带货

所谓团购带货实际上就是抖音的“生活返佣计划”，也就是视频制作者在发布视频的时候，添加可返佣位置，如果有观众进入到位置详情页，成功购买商品并且到店使用以后，发布者就可以获得现金返佣的这样一个变现功能。

抖音生活服务是目前抖音的重点发展方向之一，所以团购带货也会获得较高的扶植，整个过程中，抖音将提供本地算法分发和探店达人成长扶持以及优质商户团购覆盖的功能，所以很值得尝试。

开通团购带货的要求一样是账号要拥有一千个以上的粉丝数，比较特别的是，个人主页的带位置的视频必须要大于等于五个。而团购带货之所以说门槛低适合小白，是因为只要够最基础的粉丝门槛，高收益的团购带

货很可能是小白们创造的。团购带货的直接收益和粉丝数并不太挂钩，而只要内容过硬，小白 PK 掉大 V，从一开始就盈利超过大 V 在团购带货领域是完全可行的。

而团购带货获得的收益一样是有现金和流量扶持两种，与全民任务类似。而星图达人创作者们自然拥有可以参与团购带货的功能，只要把位置信息打开，就可以完成任务获得收益。

（一）开通团购带货的方法

打开抖音创作者服务中心，首先找到变现能力下的团购带货即可开通，然后在发布作品的时候添加位置，认准特别的奖励标识，或者添加位置（团购）这样的标识，再发布视频。

第二步如果用户通过你发布的视频觉得感兴趣，从而点进了那些位置标识的详情页，这也就是一般人说的“种草”，那些页面就会显示有购买和团购优惠的相关信息比如套餐内容以及使用注意事项等。除此之外，详情页还有门店介绍、地理位置，以及达人探店团的视频。用户成功购买这些商品并到店使用后，团购带货行为即告完成。

最后通过现金返佣，具体在创作者服务中心下的任务中心，点击“我的”，进入生活服务返佣即可轻松提现了。

（二）团购带货对小白的扶植

团购带货的目的是为抖音用户提供更好的到店服务体验，也为本地商家获得更多的客源和曝光度。让达人、商家、用户形成良性的循环是抖音生活服务致力于打造的目标。

团购带货对小白创作者特别友好，有以下几方面可以体现：

1. 在通过位置点击进去的 POI 详情页，有一个抖音探店团的标识，打开会看到同一地点探店达人们的全国排行，这里的排行是根据 50%粉丝增量+30%点赞+20%POI 点击比例进行排列的，等于是达人商业价值的体现，这一点可以让达人们用来自我推销，也可以方便商家进行达人选择，达人探店团可以相互引流，增加流量。

2. 团购带货还有超高的话题扶植，据统计 2020 年全年团购带货就有超十亿扶持话题活动，比如“抖音餐厅”“2021 过年不打烊”等。而且团购带货还有创作者孵化计划，之前曾经创造了零粉丝单个视频播放量达到40万的纪录，让小白们不但可以通过团购带货获得现金返佣，还大大提升了曝光度和粉丝量，2020年团购带货就助力很多达人粉丝数超过百万。这在其他领域都是不多见的。

3. 抖音针对团购带货还有同城DOU优惠，团购带货达人通过抖音同城可以直接引流用户，为用户提供真正的实惠也很有利于用户转化为粉丝且起到固粉的效果，让账户稳定的收获流量和现金返佣。

4. 抖音平台定期举办抖音吃吃节，有专门的H5页面为探店视频进行引流。根据2020年上海的抖音吃吃节具体数据显示，只有万级粉丝的达人单个视频就创造店铺销售额40万，收益两万，超过了十万百万级账号。而且因为增加了店铺曝光度，也让自己的粉丝迅速成长。

5. 团购带货可以在抖音星图平台进行免费的商业对接资源，本地商单可以迅速直达。

团购带货之所以会成为小白们的一个很好的提升粉丝和现金返现的通道，主要是因为抖音平台搭建思路的变化。过去商家们做这种推广，往往只能够选择一次性曝光，导致商家只想选择粉丝众多的大V们。因为他们的粉丝够多，曝光量才会大，但是实际上效果如何，没人知道。

而团购带货的思路是跟佣金直接挂钩，这就给了小白们机会，只要内容过硬，销售数据够好，小白会超过达人的佣金收入。同时对小白很有利的是，这样一来，自己的粉丝增长也会十分迅猛，而粉丝们获得了实惠也不会轻易离开，同时又起到了固粉的作用。而且团购带货一开始就是盈利，不用辛苦的等粉丝增长够多再来变现，所以是最适合小白的变现以及涨粉方式。

三、如何成为团购带货达人

知道了团购带货的开通办法和对小白的扶植政策，可是如何成为团购带货达人，很多人还是一头雾水的，下面将来详解如何成为团购带货达人。

（一）全面规划

要想成为团购带货达人，有个全面规划比完全没计划要强的多，是其实整个的规划和抖音账号的营销大概理论都是一样的，只是有一些特殊的细节需要注意。

首先，要确定的还是账号的定位，简单的说也就是人设。比如你是要成为省钱小能手、薅羊毛高手，还是很有品位的会吃、懂吃的美食家，都是可以的，但是一旦选定，就要有清楚的标签，这样方便分类以及搜索快速找到你。

另外就是虽然是以团购带货为主要目的，但是也不能光是这些内容，而是要有其他的帮你立住人设的视频。可以做一些热点相关的视频，让人觉得人设更加生动活泼而且是和观众们生活在同一个世界里。

人设立住后，就要根据人设来设定封面、账号名字、标题并保证前后统一，比如你的人设如果是本地老饕，那么你的标题就不妨是“只有本地人才知道的十年珍藏小馆”；再比如说你的人设是薅羊毛专家，就可以是“带你一百元吃市中心最热门馆子攻略”；省钱的就可以是“如何只用一百块钱两个人吃热门的火锅/川菜馆/日本料理”等等。

决定好了你的人设之后，就可以多多了解目前团购带货的店铺信息、套餐信息等，然后决定探店日期，制定脚本拍摄剪辑制作，选取恰当时间发布。

这一切的规划都必须是通盘考虑的，要合理安排时间，比如哪天探店，哪天发视频等。自己的团购带货目标是什么，以一个月为期，希望涨粉多少，达到多少佣金等等，都需要通盘考虑。

（二）带货选品

团购带货很关键的一步是选品，那么多店铺和套餐，到底应该选哪一种，建议从三个方面考虑。

第一，是要符合你的人设，比如你是用省钱人设，忽然跑到很贵的餐厅里去，除非是有极大的优惠，否则如果不符合账号粉丝们的消费水平，这样的团购带货就是失败的，同样如果你是以有品位来做人设，忽然跑去脏乱差的苍蝇馆子省钱，也会很怪。

第二要考虑的是店铺和套餐本身的情况，千万不要为了赚钱就无节操、无下限地吹捧带货，因为你的粉丝都是真实的人，一旦口碑崩了，等于人设崩了。对店铺要有基本的了解，可以从多个侧面了解店铺过去的口碑，也要了解店铺期望达成的效果到底是怎样的，是否和自己的预期相符。

另外就是要带货的货品，比如套餐的情况，比如是否确实划算等。你自己是不是觉得好，还是以次充好，看起来好却根本是样子货，吃都吃不饱，或者是看起来高大上，实际上只有一两个好的菜，其他都是卖不出去的，还有招牌菜是不是确实很好吃等等。要真诚的用自己 IDE 感受先感受一下，才能推荐给你的用户，这样才会做的长远。

第三要考虑的就是你要带货的品类的数量和单价等综合要素。比如一个套餐确实不错，你能获得的佣金也多，但是数量非常少，可能你费劲心力做好，结果几下就卖空了，你获得的佣金少不说，你的粉丝也会非常失望，这样的带货就做的得不偿失了。

所以选品是个综合性考虑的事情，有些货品即使佣金少，但比如可以长期做，也是不错的选择。

（三）制作视频

选好品后就是进行实际视频制做了。拍摄视频的时候请注意，首先要考虑的就是选品的特色到底在哪里，和自己的人设又结合的怎样，把卖点作为核心内容来进行有计划的拍摄。

比如这个套餐是以量大划算为特色，那么就一定要突出量的问题，而如果是突显用餐品位、环境，那么菜品的拍摄就不是那么重要了，反而画面的美好，营造的品位成为要点。

同时配合的文案等也要突显带货的商品最重要的卖点，要用同理心去考虑粉丝的感受，让他们产生“我也想去”“我也要吃”的感觉。

拍摄的时候，除了手机，最好能使用一些比如三脚架之类的稳定器让画面清晰，也可以用一些灯光等让画面更柔和美好。另外拍摄因为往往只能进行一次，所以拍的时候要记得多角度多层次拍摄，最关键的是要把你带货的商品拍的清晰完整，这样方便用户清楚地看到，免得发现与买的东西不符，对你的账号产生不满。切记不能欺骗粉丝，那样的结果将是毁灭性的。

另外请注意视频中店名不能超过五秒，秒杀等词不能用，联系方式二维码都不行，尤其要小心。

另外在内容设计上，一定要把人设再做进去，不要让人感觉就是硬生生的带货，而是带着人设的感觉，点评套餐等不要光说好话，也可以说点特点，让视频整个更加人性化，也让粉丝感觉好像是个朋友在推荐，不是推销员在推销，更加容易被他们接受。

(四) 账户运营

这和之前讲述的运营基本是一致的，吸粉、固粉的方法也都差不多，要特别注意评论，及时回答粉丝的疑惑，降低他们购买的门槛，也可以引发一些正常的讨论，同时也可以投放 DOU+，只是记得一定要定向投放，才会起到更好的效果，可以在投放 6 小时后看看数据增长，再决定是否投第二轮。

(五) 数据分析

团购带货的数据可以在发布界面观看分析，关键的数据还是点赞、转发、评论、完播率这四大数据。

电脑上的创作服务平台的作品数据里也可以查看，要学会看，看得懂，比如完播率的曲线可以看出视频到底是哪秒出了问题，导致粉丝不再观看；再比如详情页带货数据不好，带货话术是不是出了问题等。如果自己的数据看不懂就去看看别的做得好的团购带货达人比自己的好在哪里，有哪些值得借鉴学习。

另外要学会通盘看自己的数据，比如一个系列的视频，数据是上升还是下滑，如果数据是上升的，那么即使自己已经做到厌倦了，其实还可以再坚持一阵，而如果数据下降，那么是否应该改换风格，根据数据分析来让抖音算法进一步加持等。

总之团购带货请记住一个中心点：以出钱的用户为中心去考虑，团购带货好比一个推销员，如何巧妙的包装，成功的推销，就是团购带货变现最关键的中心所在。

第四节 抖音个人无自有商品的变现法

——商品橱窗的具体开通和运行方法

抖音的带货其实可以分成两个大类，一种就是没有自有商品，纯粹靠分享他人产品来带货变现，另一种是有自有商品乃至线上或者线下的店铺，卖出去的东西都是自己本来的品牌或者产品。

本节将主要关注无自有商品的变现法，也就是个人账号可开通的商品橱窗，这也是很多小白最常见的变现方法。这种方法的优点是无需囤货、也不用担心物流发货等问题，门槛极低，只要卖得出去就能赚取佣金。

那么具体应该如何操作呢?

一、商品橱窗开通方法

1. 商品橱窗开通条件

首先是实名认证，请务必记得一张身份证只能对应一个商品橱窗，并且绑定一个抖音账号。如果想在后期开通自己的商品开设抖音小店请务必不要在一开始乱开商品橱窗，因为一旦开通后再撤回会审核会非常的麻烦。

而抖音小店是可以同时开通零粉丝账号的商品橱窗。

所以一上来就开通商品橱窗的人务必要注意，如果确实以后不打算再开抖音小店，再来开通这个功能。

其次是交纳商品分享保证金 500 元（这个保证金将来也是可以退回的)。且个人主页视频数必须超过十条，抖音账号粉丝量必须大于等于

1000人。

满足这些条件就可以开通商品橱窗了。

2. 商品橱窗具体开通流程

打开抖音APP首页，选择右下角“我”，然后点击右上方三条横杠的标志，选择创作者服务中心，找到变现能力版块，找到商品橱窗，点击进去以后选择“商品分享权限”，就会看到商品橱窗的申请要求，进行实名认证后，再交500元保证金，满足个人主页视频超过十条以及抖音账号粉丝量大于等于1000就可以点击下方的立即申请。

马上就能拥有在商品橱窗、短视频、直播中添加商品的功能，同时还可以登录电商PC工作台进行橱窗管理、推广数据查看、直播间数据中控等操作了。

二、商品橱窗变现具体如何运作

1. 如何在商品橱窗中添加商品和设置提现账户

商品橱窗申请完毕后，如果通过你会收到一条商品分享权限开通成功的信息，从查看详情页进去就可以直接进入商品橱窗主页。

主页的上方是今日数据包括成交金额、成交订单数、成交人数。

主页的中部靠左有一个黄色的标记写着“添加商品”，点击可进入添加商品页，你可以在这一页上方的搜索栏搜索商品。如果你的账号有清晰的定位，比如是亲子母婴类的，就可以直接搜索。旁边还有商品链接添加，你可以直接把天猫淘宝等的链接复制也可以直接找到商品。

如果觉得不是特别清晰可以看下方分类，大致有服饰鞋包、食品酒水、美妆个护、家居百货、综合分类等，下方还有类似9.9元秒杀、爆款必抢、品质好物馆、抖音某某节的商品类目。

点开相关品类后，你会看见商品下方是按综合推荐出现了你所需要的类目的商品，你也可以按销量，佣金率来进行筛选，或者按一边的筛选项按照更加细分的类目来准确找到你想添加的商品。

选择完毕后，如果是首次使用都会出现开通收款账户的提示框，点击去开通，可以选择两种账户类型，一种是正式账户，单次提现上限 50 万元，每天可以提现 1 次，个人使用这个正式账户需要提供身份证照片。而且如果你是企业这种账户还支持对公打款。

下面的快速账户单次提现最多 2 万元，单日最多提现 5 次，不支持对公打款，只要提交姓名和身份证号就可以快速开通。

全部完成后，请回到个人主页，点击名字和抖音号下方看是否有商品橱窗的字样，以及是否添加成功即可。

2. 商品橱窗应该如何选品

有些人开通了商品橱窗后会发现自己一单也卖不出去，这首先大机率是选品上出了问题。最开始选择商品橱窗的小白，首先当然是要明白自己的账号人设要和商品类目大致一致，这是因为你的粉丝画像基本已经确定了他们的性别、年龄、收入层次和大致其他特点，比如你是做汽车类的，就不可能带货尿不湿，这是首先需要反省的地方。

其次，就是要学会运用秒杀和综合考虑商品，目前新人甚至还有低于 9.9 秒杀的 6.9 秒杀等，请记得看看销量，以及佣金率，综合考虑，精准选品。销量为零的不要选择；另外发货时间太长比如 15 天之内的也尽量不要选；佣金是商家定好的，不能商量，你只能根据自己觉得划算与否考虑。另外，每单商品下都有店铺的名称和评分，尽量选评分高的会更好，也可以认准官方标志，从官方店带货品质上会更有保证。

商品橱窗带货的精选联盟里涵盖了淘宝、京东、唯品会、苏宁易购等多家大电商的产品，如果你自己从这些渠道买到过不错的商品想推荐给粉丝，可以直接搜索店铺名或者商品名或者进行商品链接添加，也能快速精准选品。

另外请记得新手任务要完成，必须在十天内添加十个有效的视频到橱窗内完成新手任务，然后在十五天内发布两条带商品的视频，新手任务就算完成了。如何发布带商品的视频后续会详细讲到，这里不再赘述。

3. 商品相关视频应该如何拍摄

这里首先有一个诀窍，你点击相关商品后，都可以进入商品详情页，下方都有相关视频，并且按照播放量排序，你可以点击播放量高的，看看别人是怎么拍摄的，请注意不要抄袭搬运，而是学习别人的优点，再结合自己账号的特点，有准备有目的的进行拍摄。

请记得拍摄的时候要注意遵守抖音账号前面关于广告等的审核原则，比如出现发货、订单、上新、爆款、定制等词语。大减价、抽奖、甩卖、买一赠一等以及促销、满多少减多少等词语也不行，更不能说出到哪个平台购买引流等，都属于违规行为，会被限流处罚。只推荐商品本身，请大家在商品橱窗、视频链接等直接购买即可。

4. 怎样在视频中添加商品链接

首先当然是把商品成功加入商品橱窗，然后在商品橱窗主页点开橱窗管理，左下角点击“添加商品”，完成后，打开视频草稿，在下方添加标签选择商品栏选择商品，最多可以添加六个。在发布的时候加上商品品名的标题，返回看标签已经变成了商品品名，这样视频就和商品成功链接了，这时候点击发布即可。

可以自行检查已经发布的视频，看看是否视频底部已经有了小黄车的标记了，有就说明已经发布成功了。

在视频中可以提醒粉丝点击视频的小黄车，或者到自己的主页商品橱窗购买，在将来的直播中也可以请粉丝点击相关的小黄车购买。

如果没有请返回头检查视频的内容是否包含了商品的解说和详细功能解释，另外商品是否被投诉过多，另外有没有未成年人单独出镜等抖音平台不允许的行为。还有就是看一下自己的商品橱窗新手任务是否没有完成，需要及时完成，否则不但挂不了小黄车，还会被取消商品橱窗功能。

5. 商品橱窗的佣金提现流程

首先必须明白的是：一般来说通过账号商品橱窗购买商品的客户收货 15 日以后，才会到账的，不用太着急以为没有挣到佣金，这是有一个时间差的。

其次，具体的提现方法是：打开创作者服务中心商品橱窗，找到佣金统计，上面可以填可体现金额，下方有具体的入账记录和提现记录。

可以直接点提现，选择正式账户或者快速账户提现，输入验证码，银行受理一般三个工作日之内就能到账了。

6. 商品橱窗的数据

在提现页面的下方就有推广数据，可以看到付款数据和结算数据，可以在这里设置起始时间，来看周、月、或者开始带货以来的具体数据，就知道自己商品橱窗达成的交易额到底是多少了。

也可看到具体的商品销售数据，按照这样的数据倒推回来你会发现哪一种商品比较适合你的粉丝，得出结论后返回头再去选品，就会选得更加精准了。

其实商品橱窗也可以用于自有商品销售，因为每个必须用营业执照办理的抖音小店都可以开通五个零粉丝账号的商品橱窗。具体运作方法也是一样的。

第五节 抖音企业或个体经营户有自有商品的变现法

——抖音小店的具体开通和运行方法

对于有自有商品或者店铺的企业或者个体经营者来说，抖音小店比商品橱窗更加适合在抖音上进行变现营销。

抖音小店比商品橱窗功能更加强大，曝光度也高。而且能链接的自有产品范围也更加广，尤其可以针对性的对自己的店铺商品乃至品牌进行营销，更加的方便。目前抖音小店的开设对象是有实体店、或者淘宝、京东、考拉海购、唯品会、苏宁易购等平台的网店的商家。

那么应该如何开通和运行呢？

一、抖音小店的开通方法

(一) 抖音小店的开通条件

1. 营业执照

这是必须要有的，而且一个营业执照只能开通一个抖音小店。如果是因为要开抖音小店才准备办理营业执照，请谨慎选择营业执照是注册成个体工商户还是企业。值得注意的是，个体工商户在抖音的流水可以是个人的账户，而企业必须是对公账户，另外一些相关费用个体工商户也会低一些，税收来说，企业也比个体工商户要高，但是这不是选择的标准，一定要根据自己的实际情况来。

2. 经营者身份证

请注意这是营业执照上的法人的身份证，不是具体管理人的，必须与营业执照完全一致

3. 账号

抖音小店所有资料提交后，会进行账号验证，如果是个人就需要有个人的账号验证，如果是公司就要有经营者的公司账号验证。

4. 保证金

这一点会根据抖店类目不同而不同，大部分都是几千元，除了这个之外，还有一定百分比的技术服务费。

(二) 抖音小店的具体开通流程

1. 手机端

首先打开首页下方的“我”，然后选择右上角三条横杠的标志，进入创作者服务中心，变现能力下就有一个“开通小店”的版块，然后就进入首页上面有关于抖音小店的特色介绍，比如多渠道的带货形式：可以涵盖直播、文章、广告、微头条、短视频等；另外就是覆盖的行业，包括居家、美妆、电器、男装、女装、美食、家纺等，还介绍了抖音小店的特色是以只能推荐算法捕获高转化率人群，匹配兴趣内容，提升商品转化率同时为店铺拉取新用户，以及庞大的用户群体与先进内容生态：用户覆盖不

同圈层，为行业品类商家带来精准的目标用户人群，同时交叉匹配跨品类兴趣用户。下面还介绍了全面的营销工具触达转化，比如预售、CPS 推广、电子面单、飞鸽、服务市场、促销工具以及数据分析等。这些了解以后，就可以点立即入驻。

小店的简介也可以仔细看一下，比如巨大的流量池，流量高效转化的变现通路，还有丰富的货品结构以及便携提效工具等。

下方有一个不起眼的小字特别值得留意，就是蓝色的“绑定账号有什么影响”，点开后你会发现很重要的信息，基本包含四个核心内容，第一个是一个账号只能绑定一个小店，并且不可解绑，所以千万不要随意地胡乱开通，一定要做好决定；第二是你分享自己小店的商品将无法获得推广费。你只能分享别的商家的商品才可能获得推广费；第三就是你作为商家后续如果开通巨量千川平台，只能作为商家主体身份开通；最后就是你提供的身份证明材料，尤其是营业执照要对你的抖音账号进行企业认证，变获取更多的权益和功能服务。

阅读完毕没有异议后可以勾选同意并选择立即开通，授权以你的手机号一键开通或者其他账号都是可以的，然后就进入了选择认证类型的页面。

你可以选择作为个体工商户认证或者企业/公司认证，这里你可以根据自己的营业执照类型来，第一步填写主题信息，请上传营业执照照片，然后上传公司名称、统一社会信用代码，营业期限、公司注册地址等，请注意营业期限可以勾选长期，而公司注册地址与营业执照上的“住所 /经营场所”的省市必须保持一致。

最下就是经营者身份信息了，填写身份归属地，经营者姓名、身份证号、证件有效期，然后点击下一步即可。

这时候进入的界面就是店铺信息了，店铺的 ID 是不可编辑的，而店铺名称是可以修改的，修改完毕后如果旁边出现绿色的对勾，就说明这个名称是 OK 的，店铺的 LOGO 可以选择自己的品牌照片，下一步选择店铺的经营类目，这个类目是可以多选的，可以选择自己的大类，点击全选。

接下来就是填写店铺管理人员信息，主要是姓名和手机号，请注意不一定要和营业执照一致，然后提交审核即可。

一般来说这个审核的时间在40分钟左右，审核通过后会有一个账户验证，比如经营者姓名的银行卡，这里一定要填之前营业执照下方上传的身份证的那个名字才可以。

审核通过后，缴纳保证金，这里的金额会自动给出，一般都是2000元到5000元乃至10000元或者以上不等，还有一定比例的技术服务费抽成，根据开通的账号性质都有规定。抖音小店就算正式开通了。

2. 电脑端

之所以也要提一下如何用电脑端开通抖音小店，是因为有时候用电脑端操作更为方便。

具体的步骤是：首先在浏览器输入 http：//fxg. jinritemai. com，或者直接百度“抖店”，然后点击开启商家后台，输入手机号注册，然后根据自己实际情况选择个体工商户或者企业/公司以及跨境商家，然后就是上传营业执照、经营者信息等具体信息，与手机端无异，然后提交审核，审核通过后，缴纳保证金这时候开通小店就完成了。

二、抖音小店应该如何经营

（一）开通渠道展示功能

开通小店后，仅仅代表可以使用商家后台的各项功能，如果想要自己店铺的商品被放到抖音小店购物车上，还需要开通相应的渠道展示功能。所以这一步是必须的，不能省略。而且渠道账号除了抖音可以绑定火山、西瓜、头条等账号。将来抖音直播的时候，火山小视频也是联通的。西瓜直播的时候，头条也是通的。

1. 开通抖音渠道展示功能的条件，必须满足以下任意其中一个

（1）实体店铺：有明确的经营地址和经营许可的店铺，具体地说就是必须有经过工商部门许可的正规营业执照，不管是个体经营户或者企业都必须要有。

（2）资质齐全，在淘宝、天猫或者京东、考拉海购、苏宁易购、唯品

会等任意一个第三方电商平台有开设合乎规定的店铺的。

其中淘宝店铺必须开店半年以上，店铺等级一星以上，店铺评分符合店铺 DSR 的规则。天猫店铺也需开店半年以上，天猫评分也要符合店铺 DSR 规则。

具体的 DSR 规则根据品类的不同略有不同，大部分描述评分、服务评分、物流评分都不低于 4.7 就能差不多能符合规定了。

京东同样需要开店半年以上，店铺的评星在三星以上，店铺风向标大于等于 9.1。

2. 渠道管理开通步骤

首先登陆值点商家后台，点击店铺，进入渠道管理页面，点击抖音的去绑定，进入渠道管理页面，点击新增绑定账号，勾选渠道账号“抖音”，选择是否渠道主账号，点击验证需要绑定的账号，填写手机号码，点击确定绑定即可成功。这代表着主账号绑定成功。

3. 绑定子账号，打开商品橱窗

主账号绑定完成后可以绑定子账号，一个抖店一共可以绑定五个账号。具体的操作是：在抖音小店后台选择子账号管理，打开之后再点新建账号，再输入账号名称、绑定方式、手机、岗位名称等即可开通，这些账号即使是零粉丝，商品橱窗功能也会自动打开，可以正常使用。

在子账号开通的时候设定岗位职责权限，分工合作，也有利于提高工作效率。

（二）设置客服联系方式、物流模板、支付方式

1. 设置客服联系方式

下载飞鸽客服系统，这里电脑端、MAC 端、手机端都可以下载，下载完成后用手机或者邮箱登录，

具体的使用请参考飞鸽客服的具体规则，请注意的是，最新的调整相当严格，比如回复时间超过两分钟就可能被扣除保证金等，所以需要自己在设置的时候格外小心。

2. 设置物流版块

这里包括设置退货地址、签约物流公司、安装打印软件等等。必须填

写准确，选择较为通用的能发到全国的物流公司，尽量满足客户的要求。

3. 设置支付方式

请注意这里最好除了银行卡，支付宝、微信都要打开，这是为了方便客户付款，可以多选。

（三）添加商品到抖音小店

1. 淘宝、天猫店铺商品如何添加到抖音小店

（1）首先绑定抖音号与淘宝账号

这里有两种方法可以绑定，一种是首次添加淘宝商品，复制了淘口令以后，会出现了“你还未绑定淘宝客 PID”的提示，点击下方的前往绑定，可以跳转淘宝 APP 按照步骤操作即可绑定。

第二种方法是打开抖音的商品橱窗页面的个人头像，下方会出现淘宝账号绑定的选项，点击进入会出现手动修改或者去淘宝获取，点击后者，会自行打开淘宝 APP，予以显示，粘贴即可。

（2）请再次确认淘宝店铺的等级在一钻或者店铺 DSR 评分不低于4.7分。

这一步如果没有达标，后面的操作是无法进行的，所以请再次确认。

（3）将商品成功加入淘宝联盟的“内容商品库”并复制商品淘口令。

这一步同样有两种方法可以进行，第一种是登录淘宝联盟论坛，进入淘宝联盟商家后台，将需要添加的商品在营销计划中设置为主推单品，佣金率依不同类目进行选择。添加完毕即可进入内容商品库。

第二种方法是开通淘宝客推广，商品报名“内容招商”团长活动，只要商品审核通过，即可进入内容商品库，可以进行下一步了。

（4）通过抖音的橱窗管理功能粘贴淘口令，添加商品完成商品信息编辑，抖音小店即可成功添加淘宝天猫店铺的商品了。

（5）通过主账号或者关联普通账号的商品橱窗，从我的店铺里选择商品，即可挂上商品橱窗，挂进视频小黄车的方法和前一节商品橱窗里讲述的一样，不再赘述。

2. 京东、考拉海购等商品如何添加到抖音小店

（1）在京东或者考拉海购 APP 中复制要推广的商品链接。

（2）通过抖音商品橱窗功能粘贴商品链接，添加商品，完成商品信息编辑，即可成功添加商品。

3. 添加第三方平台外的小店店铺商品

（1）登录抖店，打开渠道管理。

（2）在商家后台成功创建商品。

（3）回到抖音，添加商品的时候会出现“我的店铺”入口，添加即可。

4. 添加商品时要明确抖音小店禁止上架的商品类型

（1）明确不准上架的五类法律法规禁止的：

A. 仿真枪、军警用品、危险武器类包括但不限于管制刀具、弩机、杀伤力较大的弓箭弹弓、防狼喷雾、激光笔、烟花爆竹等等；

B. 易燃易爆、有毒化学品、毒品类；

C. 反动等破坏信息类；

D. 成人用品，带有明显色情意味的产品类。

（2）宗教类用品、平安符、占卜八卦、祭祀类用品也被禁止在抖音平台销售，即使淘宝店等是可以的，但是都不能添加到抖店里来。

（3）涉及隐私、侵犯他人隐私安全的商品

比如一切偷拍设备包括但不限于针孔摄像机、窃听器等，也严禁售出比如未经他人许可的他人隐私信息，钓鱼网站等涉嫌侵犯隐私的也不允许在抖音小店上架推广。

（4）药品、医疗器材、保健品、医疗服务等

抖音对医疗保健类的管控非常严格，在短视频的管理上对这一项都非常严格，所以抖店是禁止这一类商品上架的。药品、医疗器材不必细说，这里对保健品的具体描述是：保健食品、保健药品、保健化妆品、保健用品。凡是涉及均不准上架。

还有所有商品描述中出现治疗功效的，比如健身器、按摩椅、艾灸贴、针灸贴等，也都被禁止。

槟榔果因为被列入一级致癌物，同样也是禁止分享的。

医疗服务主要针对于医美项目、还有部分特殊的化妆品，用于人体注

射的美容针剂类，增高类，这些平台也全部予以禁止。

（5）代办各类证件

这一类因为很多涉及非法服务，所以也是一刀切的不允许在抖店上架。

（6）动植物、动植物器官以及动植物捕杀工具

由于恶劣的宠物盲盒等事件影响极差，抖店禁止一切动植物买卖，同时也禁止器官买卖，还有诱捕笼、捕兽夹等也是禁止的。

（7）涉嫌盗取等非法所得或者非法用途的软件

比如大家有时候都会受到的类似刷单、类似赌博性质的软件链接都是不允许在抖音小店销售的。

（8）未经允许，违法国家行政法规或者不适合交易的商品

这里抖店的管控非常严格，不止是违法，违规也是不可以的。

（9）虚拟类商品

这里包括比特币、私人贷款等互联网虚拟币。

（10）旅游类商品

包括但不限于酒店类商品或者票务、境外旅游、境内外旅行社代订、以及本地生活服务类。

（11）其他重点监控类

这里包括被媒体曝光过的商品、三无产品、高投诉类如脱糖电饭锅、高风险收藏品、工艺品；食品药品监督局明令禁止的商品以及药妆类、车载音乐 U 盘等；还有危险玩具如发泄球、人造雪粉等；运输途中容易出现破损或则变质的商品如螃蟹或者葡萄等，以及冬季高危容易造成安全隐患的商品如电暖气、小太阳、电加热器等。

（12）不符合平台风格的商品

包括但不限于二手类商品、卫生巾、内衣、灭鼠器、丝袜，白酒，高仿类比如外观或者商品侵权或者疑似模仿知名品牌的假货或者疑似假货等。

以上是大致的禁止范围，如果还有不清楚可以进入个人商品橱窗规则中心进行查看。

(四) 抖音小店的运营诀窍

1. 充分利用 E 后台

这里的 E 后台不但包括抖音小店，只开通商品橱窗的人也可以使用，E 后台的网址是 e. douyin. com，也可以扫描抖音 APP 企业号管理平台的二维码登入。E 后台具体包括了内容管理、消息管理、用户管理、数据概况、粉丝画像、数据分析、电商数据等功能。

可以看出基本上抖店或者商品橱窗功能里需要使用的功能板块大致都包含，这里就按照板块大致讲解一下 E 后台的具体功能。

(1) 内容管理

此处可以成功查看已经成功发布视频的四个关键数据——播放量、点赞量、评论数、分享数，同时可以直接在此对每条视频下面的评论进行回复，同时可以置顶粉丝的评论。这样你想引导的主要评论方向就会十分突出，而重点粉丝也得以培植。

但是有一些商家利用这一点把自己的联系方式等等放到置顶位置，这是不被允许的，需要注意。

(2) 消息管理

这里的消息主要是指与粉丝互动的消息，快捷回复、自动回复、消息卡片都是在这里设置，电脑端在这里也可以直接回复粉丝私信。这些设置十分必要，有利于和粉丝的快速交流，而且自动回复、快捷回复等会防止抖音平台因为回复不及时的处罚。

预先设置一些回复内容，比如最开始的问候，还有粉丝常问的一些问题，比如尺码、发货时间、大小、使用问题等，都能快速地回应，这样的及时回应，也会避免粉丝等得不耐烦而脱粉。

(3) 用户管理

这里的用户同样是指有购买意向的粉丝，可以通过私信对粉丝进行管理和标注，同时可以分类用户，让经营细化更加准确，而且这样的标注在 APP 中是不会显示的，不用担心粉丝看见。而这样的细化会更好地将抖店的商品精准营销给粉丝，也能让粉丝画像更加鲜明。

(4) 数据概况

这里主要包括账号的一些关键数据，比如所有的核心运营数据计有 7 天、15 天、30 天的主页访问量、新增粉丝、总体粉丝数、数据播放等等；还有视频互动数据比如获赞数、获得评论数、获得分享数；运营指数；还有科学分析评估账号价值、传播效果、互动效果等。

很多人都说自己的账号值多少钱，这里就可以很直观的看到评估结果。这里的数据对于抖音运营也是至关重要的，所以需要定期按照 7 天、15 天、30 天进行复盘，准确地把握自己目前抖店的运营情况。

（5）粉丝画像

这里的粉丝画像非常生动，借助了可视化、数据化、线性化的效果，能非常精准的表达粉丝的七大维度数据，包括粉丝的年龄、性别、地域、机型设备分布、活跃粉丝分布、粉丝兴趣分布、粉丝流量贡献占比等。

经过这七个维度基本可以圈定粉丝的大致特征和收入水平，尤其是表现活跃粉丝和流量贡献占比较高的粉丝的，可以根据这个适当调整自己的产品，更加精准地营销。

（6）电商数据

这里的数据能非常清楚的看到分享商品后的浏览概况和转化数据，其中包括四个指数。

A. 电商数据概况

包括商品的展示次数、点击次数、点击率、商品详情页的访问次数、橱窗访问次数、交易额和订单量。

通过这些数据，比如点击率不高，就可以回头看看是否是主图等效果不好，或者是重点商品的视频有一定问题，可以加以修正；如果详情页以后转化率不高，那么详情页是否有问题，这都是十分有用的数据。

B. 来源分析

这里可以清楚地看到购买的粉丝到底是从视频还是从直播渠道进入的，由此可以判断到底哪个做得更好，吸引的粉丝更多。

C. 单条分析

这里可以清楚地看到单条视频的具体数据和转化数据详情，由此判断到底哪一条拍的比较好，也就可以延续或者迭代此风格，以促进销售。

D. 粉丝热点

可以通过粉丝点击商品详情页、下单等综合数据，精准地知道粉丝的心理，到底是在哪一步决定下单或者放弃的，由此找到粉丝的兴趣点，也找到可能让他们放弃下单的点。

熟练掌握E后台可以实时地了解自己的抖店数据，并且调整具体到单条视频的方式、风格等，也可以知道详情页是否出了问题，完全清晰地能对自己的抖店经营进行复盘，从而清清楚楚经营，稳准快好地调整自己的经营方向。

2. 抖音小店经营避雷指南

有很多人经营了一阵小店后，都会发现商品会通不过审核或者是视频被限流或者审核不通过，而且莫名其妙不知道问题出在哪里。这是因为第一可能触碰了以上说过的不该分享的商品，二就是触碰了抖音平台的商品分享社区规范。

这里重点讲怎么做就会触碰抖商品分享社区的规范，帮大家避开雷区，正常经营。

（1）标题和视频文案中出现了价格、规格/数量、促销、秒杀等

这在之前的短视频避雷指南中已经说过，抖音对这类的标题和内容文案都是禁止的，你可以拍摄商品的样子，和使用的感受等种草，但是不能直接赤裸裸地上硬广，尤其是价格等是特别忌讳的。

正确的做法是，在视频中就好好讲商品，标题可以列出商品的类目甚至到属性等，让大家知道商品是什么就可以了，比如一人食小锅、少女萌系发卡等。

（2）商品主图出现了价格、促销信息、引流其他平台的水印

相信很多用过淘宝店或者京东的人都注意到了，淘宝和京东的主图是可以出现价格以及促销活动等字样的，但是抖音小店是禁止这种行为的。具体的如满多少减多少、秒杀、领券、买即送什么，或者限时包邮等字样或者图案都是不可以的。

而且商品主图不能被太大面积的文字覆盖，必须看得出卖的是什么，

而很多本来就在第三方平台开有店铺的商家最容易被卡到这一步，就是这个原因，所以务必反复检查，不要出现这些信息以及水印，才可能通过审核。

正确的商品主图必须很清晰地展示商品正面的全貌，辅助的可以有介绍商品特性的占面积较小的文字或者图，而如上禁止的比如一些优惠信息只能在商品详情页里展示。

（3）有夸大宣传的价格类比

小黄车标题里如果有比如全网最低，或者是一块钱买五盒咖啡之类的或者在视频的口播文案出现类似的词语都是会被禁止的。

抖音是禁止以低价拉客的，更不用说如果只是用欺骗性的话术引导消费者进入后又不兑现，这种是会被加重惩处乃至封店的。

正确的做法是，如实地介绍商品的产地、来源、优缺点，以及独特之处，完整地展示商品的性能、使用方法、分享使用后的真实感受等。

如果一旦出现商品审核不通过或者相关视频被限流禁播，都可以回头看一下商品橱窗页面下规则中心的购物车商品分享社区规范，从中找到自己的问题。

抖音小店和橱窗的具体经营还是要看商家和账号主体本人的具体经营，总之守法、按照规则来，学会看懂数据、拍出好的视频，积极带货，一定能快速变现，实现财富自由。当然除了这样的带货方法，直播无疑是一种更加直接的变现方式，将在后面的章节详解。

抖音小店除了卖自己的产品其实也可以给其他商家带货如卖精选联盟的产品，这一点做法和商品橱窗是一样的。

■ 第六节　抖音可以向线下引流品牌商家和实体店的变现法

——企业蓝 V 账号的开通和运营方法

知道了商品橱窗、抖店，其实很多人还都听说过一个名词：企业蓝 V，到底什么是企业蓝 V 呢？企业蓝 V 号指的是企业开通的抖音账号，经过认证后往往账号就有一个蓝色的 V 标志，可以在主页留企业的联系方式包括电话和具体的定位地址，用户可以通过点击地址直接找到实体店的导航信息，蓝 V 号还能自动回复粉丝信息。特别适合品牌商家和有实体店的企业。

而经过了蓝 V 认证，还可以直接做一些营销性质的推广，而普通号在抖音上做广告推广是被管控得非常严格的，没有经过蓝 V 认证的普通号做广告一律会被判定为过度营销，从而被平台限流乃至封号，但是蓝 V 是没有这个限制。

一个营业执照是可以开通两个蓝 V 账号的，而每个蓝 V 下都可以再下挂零粉丝的子账号直接开通商品橱窗，这也是蓝 V 的好处所在。

一、如何开通企业蓝 V

（一）开通条件

1. 企业营业执照，个体，工商都可以；
2. 零粉丝也可以开通；
3. 六百元审核费，不再退还，每年续费 120 元。

（二）开通步骤

1. 通过电脑端开通蓝 V

通过电脑端打开 renzheng. douyin. com，可以扫码登录也可以通过手机登录，此时就会进入抖音官方认证页面，点击“开启认证”，此处请特别注意的是，有些行业的营业执照开企业蓝 V 账号是需要特殊资质的，比如食品类企业就需要食品经营许可证，美妆企业需要提供化妆品的生产许可证，教育企业需要提供教学许可证，网站需要提供 ICP 备案查询截图，手机应该提供软件注册权证，游戏提供版号，品牌提供商标注册文件等等，所以事先需要了解，不要盲目上传。

在上传之前要反复查看营业执照经营范围和其他名称，以及其他资质，如果没有问题，点击“开启认证”后，就会跳转到认证页面。

认证页面必填项有：

（1）用户名称：就是认证后的昵称，最好和营业执照上一致或者是合规的简称。如果是直营或者连锁的品牌店铺，想要用这个品牌名称做抖音名称的，就需要额外提供商标注册书或者商标受理通知书。

（2）认证信息：就是企业名称/品牌全称（区域名称）+官方账号，请注意这个一旦填好，不允许修改，另外请注意全部加起来不要超过 16 个字。

（3）行业分类：查看营业执照的经营范围或者查询商家的行业类别。

（4）企业营业执照：这里是上传营业执照的地方，请记得必须是中国大陆以内的营业执照，必须完整清晰，且在有效期内。特别注意的是如果提供的是不正规营业执照或者其他图片导致无法识别，审核费是不予退还的。

（5）认证申请公函：企业认真申请公函是有固定格式的，点击即可下载，加盖公章后上传此处即可。

（6）其他资质：这就是前面提到的特殊资质证明，这一点特别重要，必须提供才可能通过审核，否则审核费用也是不退的，请务必小心。

（7）运营者姓名、手机号、电子邮箱：这里必须填法人的名字，手机填登录页面绑定手机的号码。

（8）发票接受电子邮箱、邀请码等。

以上全部填完，就可以再到下方看一下《企业认证协议》以及《抖音企业认证审核标准》，再度回头检查无误，即可勾选同意并提交。

2. 通过手机端开企业蓝 V

选择抖音首页我，点击右上角三条横杠的标志进入创作者服务中心，找到“通用能力”下面的“官方认证”，选择“企业认证”，再点击“去认证”，后面的顺序接近电脑端，但是建议最好是在电脑端开通，会比较不容易出错，不会损失审核费。

3. 通过抖音小店开通蓝 V 认证

（1）输入 http：//fxg. jinritemai. com/login 打开抖音小店后台

（2）向下拉到店铺版块，点击店铺设置，就可以看到自己的官方账号

（3）进入官方账号，点击认证蓝 V 企业号，按照提示开通即可

抖音小店因为都有营业执照，而且有一些有品牌或者实体店的要求，往往认证企业蓝 V 比较容易，但是也请注意相关资质提交的问题。

二、蓝 V 的运营

（一）蓝 V 的功能优惠待遇

企业蓝 V 账号之所以有很多人会开通，就是因为它有很多功能优惠，这里给大家简单总结重要的一些优惠功能。

1. 蓝 V 标志和自定义头图、账号昵称受到唯一保护

对很多人来说蓝 V 的标志就意味着正规商家，很多人会信赖这样的标志，容易在蓝 V 账号下达成交易。而账号昵称的唯一保护也可以让很多想冒充的人无从下手。从“血统”上证明了企业的正当性。

2. 可直接发营销作品、可设置广告导流、页面可展示优惠券等

蓝 V 账号的广告功能是无与伦比的，普通账号不能做的广告，抖音蓝 V 都可以做，而且可以引流，以及发起挑战等。商家页面也是允许展示优惠券的，这都是普通账号无法做到的。

3. 直播优先推送，不用本人直播

普通号主播必须和认证人是同一个人，而蓝 V 直播不用本人，而且可以多人出镜。

4. 零门槛开通购物车

企业蓝V账号只要缴纳了600元认证费，不用有1000粉丝数也不用上传视频，都可以开通购物车功能，可以直接在视频中添加购物车，并且支持跳转到商品购买页面。

5. 支持子母账号矩阵式经营

蓝V账号支持同一家企业的分公司、分店等设置子账号，并由母账号同意管理，轻松实现统一管理，矩阵经营。

6. 主页可以直接添加联系方式和地址

这样向线下引流就成为快速能达成的事情了。门店主页除了联系方式和地址还可以设置营业时间、休息日、店铺相册等，帮店铺提高曝光度。

7. 官网链接导流设置、APP下载设置、淘宝店铺跳转导流设置

蓝V账号可以将抖音的流量引流到自己品牌官网或者应用下载等需要的地方，比如淘宝、京东甚至是自己搭建的APP等，提供了大量的用户流量和自己的曝光度。

8. 本地店铺POI认领

这个功能最受拥有实体店的抖音蓝V账号欢迎，因为只要点击POI位置就可以导航到自己的店铺。这种实体店店铺往往叫做抖音门店，这一点请务必和抖音小店区分开来。

9. 主页独有数据分析、视频独有数据分析、粉丝基础画像

对于自己的品牌经营将有独有的数据分析，可以根据抖音算法等的大数据支撑更好的经营。

10. 自身品牌舆情监测、精选案例获取

舆情监测对于有控评要求的品牌和有危机意识的企业也都是十分有用的功能。而精选案例会选取与企业经营范围相关的20条热门短视频，以便帮助企业策划自己的内容，以及找到最新最热的灵感和创意。

11. 团购功能

可以直接在视频评论区展示团购页面，这个功能类似美团，而且目前还是免费的。比如餐饮、培训等需要团购的企业都可以在蓝V号下使用。

12. 资源置换免费找星图达人拍视频

这里企业号可以采用资源置换的形式与星图达人们合作，获取免费拍

摄宣传视频。

（二）蓝 V 运营诀窍

1. 发布符合抖音平台运行逻辑的内容

抖音账号价值的标准就是能否长时间留住用户，抖音的算法和大数据推荐，希望每个账号持续输出能引起用户兴趣的内容，并且在这一基础上再加推这类内容给用户。

有一些蓝 V 是传统行业转型，习惯了过去的营销推广套路，就是自行先制定推广要求，再看市场用户的反应。而抖音的运行机制刚好是反的，所以企业蓝 V 用户运转的时候一定要倒过来看看抖音数据分析，尽量贴近用户，做有用的，用户会持续感兴趣的内容，并且时时关心数据更迭情况，并且不断调整自己的经营策略，黏住用户，才能经营得好。

不要上来就发布硬广，丝毫不注重用户反映，将会起到适得其反的效果。

2. 蓝 V 变现的优质内容准则

首先是一定要贴合目标用户，粉丝群体的画像。比如服饰美妆类肯定女性人群更多，而且这个群体的岁数大致会在 20~50 岁左右，核心人群一定是 20~30 岁，这个群体穿衣服的痛点在于很多都不会搭配，比如推出每一季的 100 种搭配来作为内容挂上商品，都是不错的内容。

第二就是要学会数据分析，尤其是餐饮类，怎样引流来的客人多，怎样的团购最合理，怎样的视频内容能吸引人点击位置来消费，都可以在数据分析里找到答案。

3. 利用团购以及商品橱窗分享功能甚至其他抖音小店等来帮助自己推销

蓝 V 用户可以在视频上挂团购，公司开通企业支付宝，开通后在视频的下方可以挂团购券，也可以在主页上挂团购活动。

企业用户们也可以用资源置换的方法免费发布星图任务，让达人们帮助宣传，或者让团购带货达人们帮忙引流推销，如果进入精选联盟一样可以通过商品橱窗让个人账户带货，自己有抖店的也可以自行卖货，都是不错的选择。

但是企业蓝 V 用户虽然涵盖的功能多，但大家一定要根据自己的实际需要来决定认证与否。如果不是品牌商家或者实体店，就不必非要开通。

而个人通过借别人的营业执照来开设蓝 V 不但不允许，也是非法的。

■ 第七节　抖音直播变现法

——直播变现前的准备、直播带货收益提升秘诀、直播带货主播秘笈、直播带货的避雷法

特别需要说明的是直播变现一般都包括直播带货或者打赏两个主要来源，打赏是靠主播个人魅力获取的收益，不具有太多的通用性，这里主要介绍直播带货的变现方法。

直播带货在如今的网络销售平台上创造的神话已经不再是新闻了，李佳琦、薇娅等一场直播的成绩，让明星们都为之羡慕、心动，因此很多明星们也加入了直播的行列来营销自我、推广商品、积极变现。

很多人都知道直播，但是直播在抖音上应该如何做呢？又该如何快速变现呢？本节将重点为大家解惑。

一、直播变现前的准备

(一) 开通直播购物车

可以开通直播购物车的账号可以分成两种，一种是只拥有商品橱窗的个人，另一种是有抖音小店的个体或者企业。

只要拥有商品分享功能，就能开通直播购物车。具体的操作方法是在确定商品橱窗成功添加商品后，打开直播页面，找到右侧上方的商品或者带货按钮（取决于抖音的版本），然后点击进入商品页面，选择具体要添加的商品。目前允许添加 100 个商品，然后点击首页下面的加号，选择开直播即可。

这时候视频的下方就会出现一个小黄袋的标志，点开即可看到直播商

品列表了，直播间购物车就算设置成功了。

（二）直播出镜条件和人员配备

1. 个人普通号直播

个人普通号直播必须是和账号认证的身份一致的本人来直播，如果不符合这个条件，被系统检测到会被直接封号。而个人直播好比单兵作战，主要考验个人的能力，大致的人员配备包括主播、助播、场控三人。助播主要负责直播间效果，场控负责客服和上下架等以及数据监控分析，如果人员不足，主播一人，助播场控一人兼任即可。

2. 企业蓝 V 号直播

企业蓝 V 号直播不用本人出境，可以多人上镜头，并且可以更换主播。企业蓝 V 号直播讲求团队协作，对比个人主播的单兵作战好比军队集体作战，具体的人员配置可以有主播、助播负责帮助主播营造直播间效果、助理负责传递商品，这三个岗位称为前台人员；同时还需要有中控负责客服、货品上下架；运营负责数据分析、商业投放；直播运营负责直播脚本、协助主播、账号运营需要把握短视频以及整体方向把控等后期重要工作，这几个岗位是后台支撑人员。同一个岗位可以是一人也可以是多人，所以整体人员几人到几十人都是有的。

另外，请注意的是不管是个人普通号直播还是企业蓝 V 账号直播，都必须保证是直播，无人直播、录播、循环播放都会被抖音平台判定为无效直播，会受到惩罚。

（三）手机端直播间、电脑端直播间商品的添加删除与排序

虽然第一步开通了购物车，添加了商品，但是很多人都会发现直播商品添加后，上方有一个管理的选项，那么应该如何对这些商品进行添加、删除、排序呢？这里就一步步教会大家

1. 手机端直播间商品管理功能熟悉

首先当然是点击抖音首页下方“+”号，选择直播，开播模式默认为视频，完善直播的标题和封面，这里最好和之前短视频预告的时候起的标题和封面一致，然后添加商品。在查看已选商品页面里能够看见商品品名前方有序号，可以按住拖动，或者按上下按钮即可进行排序，而商品品名

下有删除标记，觉得不合适的就可以予以删除，要添加什么也点击管理，添加，确认添加，即可完成。

这里的商品添加和删除可以用于直播间商品的秒杀功能，添加及即上架，删除即下架。但是请注意个人普通号是没有秒杀功能的，只有开通了抖店的账号主体才能操作此功能。

2. 电脑端直播间商品管理功能熟悉

电脑端比起手机直播画面上要占优势，所以有条件的账号大部分都会选择电脑端开播，这里需要先安装抖音直播伴侣，或者 OBS 软件，安装完毕进入后，点击直播，这里的开播模式要默认为游戏直播，完善标题和封面后，开始直播后点击底部“…”的推流地址，复制推流地址，这就可以实现直播推流了。

从电脑端选品，进行商品的添加、删除、排序和讲解。要提前登陆 http：//buyin. bytedance. com/#/巨量百应的后台，用抖音账号登陆。

进入巨量百应后台商品管理的我的抖音账号，这时候点击右侧上方添加商品的蓝色按钮即可添加了，可以一键全选一次性添加；如果要删除选取商品品名旁边的删除即可，也可以先勾选前方对号批量删除；排序可拖动商品左侧的六个点标志，直接到需要的位置，即可完成排序。也可以在商品序号栏直接输入序号，点击对号即可确认。

直播前选品要注意手机端的版本必须是最新版，也不要同时使用电脑端和手机端才不会造成数据冲突。如果非要操作，手机端操作后要重新打开直播购物小黄袋，然后电脑端一定要刷新页面，否则是看不到的。这样直播选品，才会成功，添加删除和排序的方法是一样的。

（四）直播间商品讲解功能、优惠券、秒杀、限时优惠、福袋红包等如何使用

这些都是十分实用的功能，能够帮助用户快速了解商品，以及获得实惠，是非常有必要提前熟悉以便直播中熟练运用的。

1. 商品讲解功能

成功向直播间购物车添加了商品后，商品下方都会有一个讲解的红色按钮。具体的办法是直播中要讲到哪个商品，就去点击商品下的讲解按

钮，然后开始讲解，这时候用户的页面就会自动弹出商品卡片了。而当此时用户点击购物袋的时候，商品的列表也会自动定位讲解的商品，让用户一下就能找到，有效地促进销售下单，非常简单。

2. 优惠券设置

优惠券有一个原则就是商家后台必须提前设置好，而主播必须提前知道优惠券的批次号，并且要把店铺优惠券和商品优惠券先区分明白，否则会在直播中闹笑话。

主播要发放优惠券之前的具体办法是：先点击购物袋已选商品，然后点击右上角“发券”，然后点击优惠券下的“绑券”如果事先没和商家要到，这里就会出现“暂无可发放优惠券”，按下绑券后，输入绑定优惠券的批次号，然后绑定即可。

这个时候主播就可以在直播间点击购物袋发券，展示各种优惠券的列表，比如是店铺券还是商品券，分别是多少钱或者是几折券，每一张优惠券“立即发券”按钮下都要具体剩余的张数，这些主播在直播中都要清楚地说明，说明完毕，点击立即发券后，用户在屏幕的左边靠上位置就能看到红色的“主播正在发放优惠券”的标志了。用户点击后即可领取优惠券了，成功领取后下方有查看可用商品，用户就可以下单了。

同时主播端也可以在后台选择停止发券，即可让发券停止。

很多人看直播就是因为有这些优惠功能，所以必须事先熟悉和准备好，且不能出现主播说出的和优惠券实情如折扣、张数、是店铺还是商品优惠券不符的情况，这样做都会导致用户不满，影响用户下单。

3. 秒杀和限时优惠设置

很多人最开始对李佳琦等著名直播带货达人的印象就是随着“十、九、八、七……”的倒计时，然后某种商品就被秒光了。在很短的时间内达成惊人的交易额，这种办法就是秒杀。

前面已经说过，秒杀对只拥有商品橱窗的个人是不适用的（个人只能请拥有商品的商家在后台设置才能使用）。

只有开设了抖音小店，才能设置秒杀，具体的设置流程为：电脑端是先登录小店商家后台，点击“营销中心”，选取下方“营销工具”里的限时特卖，然后点击右侧创建活动的蓝色按钮，会出现“活动标题”“描述”“是否预热”“预热时间”等，然后通过设置“是否预热”和“预热时间”，使得直播商品列表上出现“倒计时”，这就代表秒杀已经设置成功了。这时候不管是用户还是主播的屏幕都会显示该商品为“秒杀，距开始时间×××”到了倒计时的最后几秒就可以和李佳琦一样开始倒数，并且上架销售了。

如果“是否预热”选项这里没有选择预热，那么这种优惠就变成了限时优惠。用户的屏幕上就会显示“该商品限时优惠，距结束时间×××分钟”的字样。

而在手机端，可以在直播商品列表点击管理，具体的商品下会出现“设置秒杀”的选项，然后设置具体的价格，也可以在旁边看到秒杀的库存量，下方可以选择每人限购几件，秒杀时间。这时候就会出现“请核对秒杀信息”的弹框，里面清楚的有商品名称、限购数量、秒杀时间，以及商品的规格、价格、库存，核对无误后按“点击秒杀”即可。

秒杀和限时优惠也是最受用户喜欢的，所以也一定要反复熟悉演练，才能在真正直播的时候发挥奇效。

4. 福袋、红包

福袋和红包也都是用户最喜欢的，可以在秒杀、限时活动之前黏住用户，也有利于炒热直播现场等，这个在直播运营一章中已经具体说过了。

福袋的具体操作方法是：直播中屏幕中间下方有一个“玩”字，点击后，第一行福袋就会出现，福袋分为抖币福袋和实物福袋，而按分发范围也有粉丝团福袋和全民福袋两种。

可以根据自己的需要来设置，下方还有具体的比如人均可得抖币、可中奖人数、参与方式以及倒计时等，全部确定好了，就可按最下方“发起福袋”。

这里有一个需要注意的点，就是倒计时有十分钟、五分钟、三分钟、一分钟的选项，如果场子不是很热，可以选择十分钟，这样会让用户留的久一点。当然也可以根据当时的实际需要选择其他时长。

红包的具体操作方法是：点击直播最下一排最右的“…”然后选择“礼物”，选择“红包”。这里的红包也包括抖币红包和礼物红包两种，按自己要求选择。然后在最下选择是五分钟后可领还是立即可领，这个主播可以按自己当时的实际需要来，然后点击“发红包”即可。

二、直播带货整体提升秘笈

提前做好了直播变现的准备工作，就可以进入直播带货了。前面的章节已经讲过直播经营，其实已经涉及到了一些直播中如何涨粉、固粉、总体运营方面的方法，但是那里多针对于个人直播的普通账号且未涉及带货，那么企业蓝 V 账号和带货的个人应该如何成功带货，让收益迅速提升呢？

（一）总体运营规划

之前存在一种争论——直播带货是有剧本的吗？很多人认为直播带货尤其是企业蓝 V 的直播带货就好像是几个人在聊天，然后随机上架货品，只是因为货品本身或者秒杀等原因才能有很好的成绩。而一些明星参与的直播屡屡上新闻，似乎也都是无意触发的点，比如某明星随意降价，某明星因为被粉丝怼落泪等。

这里只能说，剧本与否无法确定，但是直播带货一定要有总体的运营规划，大到整体的账号直播时候的风格、类型运营，小到某一场直播的整体运营，应该要细化到具体脚本。有规划一定比没规划好，而能有一些爆点，比如上述的明星在直播时的新闻，都会让直播带货拥有更高的曝光度。

对企业蓝 V 等主要就靠直播带货变现的以及个人以直播带货为目的的，这两点至关重要。

直播带货不同于一般的直播运营，虽然个人直播是抖音很重要的内容，但是目前 PK、连麦、以及输出个人内容才是个人直播的主流。

而直播带货更看重的是“带货”，是这种销售形势带来的巨大收益。

李佳琦、薇娅等就是这方面的佼佼者，他们的直播带货成绩甚至远远高过比他们影响力大、成名早的明星。如果没有一些整体规划，仅凭野蛮生长，就可以做到这个地步，显然是不可能的。

总体规划就相当于运营计划，比如该如何选品，如何 HOLD 住全场，秒杀、优惠、红包、福袋等应该在何时发出，以及主播应该拥有怎样的话术，怎样和用户也就是消费者互动激发他们的购买意愿，乃至后台的客服等应该如何配合、直播中和直播后的发货、退换货、售后等流程应该如何处理，如何激发爆点，保证下一场直播的热度。这都是总体规划应该事先考虑到的。

（二）商品的选品诀窍

直播带货最重要的开始，就是选品，自己品牌的产品也需要选择，更不要提帮别人带货的，都要经过精挑细选，才能获得好的成绩。这里我们按照有较大粉丝量的账号和普通账号来给出不同的选品技巧。

1. 有较大粉丝量的大 V 账号

这里的账号可以是个人也可以是企业蓝 V，其实看薇娅和李佳琦就知道，个人账号有时候的带货能力甚至不输给企业账号，那么这些直播大 V 们的选品原则是什么呢？

（1）名牌爆款好价

其实看过薇娅、李佳琦直播的人都知道，他们直播间的很多产品都是国内外知名品牌。而且有些品牌平时还真的很少降价，但是因为他们独有的影响力拥有和这些大牌洽谈的议价权，才会出现类似某知名口红秒售罄的传说。还有某明星代言手机在直播间为粉丝号称垫款降价，引起了轰动。

（2）小众新品首发

这也是大 V 们常常带货的品种。比如一些国外知名但是在国内知名度还不够的品牌，最喜欢用新品来给大 V 们带货提升知名度，而大 V 们也愿意接招。这是因为这类品牌的质量和整体的货品准备、售后等都是比较完善的，而且已经经过一些市场检验，口碑也不错，需要的只是人们去接触和了解，所以这一类也是很受欢迎的。

（3）独家限量款

这也是一样的道理，独家就意味着这些品牌的忠实粉丝们将会全部集中在大V们的直播间里，而且限量意味着可能过了这个村也就没这个店了，大家的购买欲望也就会高涨。

但是不可能人人都是大V，更多的还是普通人和需要推广的企业蓝V，这种的选品原则又是什么呢？

（1）企业蓝V选品原则

企业蓝V因为很多是品牌商本身，所以只能销售自己的产品，如果是要分享他人商品，选品原则接近个人。

A. 选择细分的粉丝契合度高的

因为企业的直播会分很多场，如果不知道怎么确定每场直播的内容，不妨可以按照细分粉丝的思路来，让自己的产品充分契合粉丝的精准特点。比如两岁孩子的宝妈，适合给孩子买什么，以此类推，这样选品就会很精准。

B. 选择符合热门原则以及应节的

这里可以蹭一些热度，找到一些可以契合的产品，更可以配合节日等，选择一些比如节日礼盒、套装、送爸爸送妈妈这样的梗，事先准备预热。

C. 选择希望尽快去库存的

这里其实可以用一些促销手段，秒杀专场、红利不断等来做噱头。

D. 选择爆款带动其余

最好是选择一个爆款，拉高用户期待，同时出一些其他希望促销的来盈利销售。

（2）个人选品原则

这里的个人其实不但包括个人，还包括愿意进行商品分享的企业。其实第一原则最好都是与自己的账号性质相关，除此之外实在不知道选什么，可以选择以下几种：

A. 选择服饰美妆颜值类

这是因为抖音的数据表明，直播中，这类的产品销量最大，达成交易最高，而且颜值类类目广泛，和很多账号的内容都能有重合。

B. 选择个性类，与粉丝需求匹配

如果内容账号做的比较扎实，比如你是一个 3D 打印类的视频账号，对工具等很有兴趣，那么小众的工具就是你带货的最佳选择。一定要细分，有个性，且与自己的粉丝匹配度高，就容易销售。

C. 选择高科技类

这一类是因为数据表明上涨得最快。而观看抖音的人群大部分是年轻人，对高科技类特别感兴趣，销量也很可观。

D. 选择懒人生活方式相关类

同样与看抖音的人的消费习惯有关，一切有利于懒人更加能躺平的产品都属于此类。此类产品一来会有长足的市场潜力，二来是人群巨大，容易被选择。

（三）直播间如何上热门并实现价值

1. 直播间没人怎么引流

除了之前已经讲到过的直播预热，包括视频预告、主页预告、粉丝群预告等，直播间的人流还可以从同城页、直播弹窗、直播广场、小时榜、话题榜这几个免费渠道进来。而后面几种都需要直播达到一定的人数后由系统引流。

如果刚开始直播，以上几个渠道拉来的人很少，无法达到效果，不妨可以试一下两种付费的引流模式。一种是我们之前说过的直播 DOU+，目前直播 DOU+可以投放账号的相似粉丝，可以投放之前的购买人群，把人群锁定得很精准。

巨量引擎 FEED 流是付费流量精选流，直接点进去就是直播间，可以瞬间将直播间的人流拉到一万人在线，付费即可使用。

投放的标准基本可以按照希望本场成交额的 10%投放，如果能达到效果就是不错的。在使用 FEED 流之前要先绑定巨量引擎后台，最好的 FEED 流是在事先进行了流量预判，觉得马上要到爆点的时候，就赶紧上流量，同时配合上爆款，就会创造薇娅、李佳琦等“秒光××”的目的了。

2. 直播中炒热直播间，提高系统的推荐流量直播开始引流后，工作还没完，因为直播的时长很长，所以在直播中上传直播切片，也就是直播中的一些精彩花絮等，上传之后投放视频，还能吸引更多的人进入直播间。同时在直播中投放 DOU+，FEED 流量，再有就是增加直播的关键数据比如粉丝停留时长、进入率这两项关键数据，让系统在测试流量后发现直播间的数据增长迅猛，分配更多的直播推荐流量，让直播间能吸引更多的人。

详细地说进入率主要靠引流；而停留时长，就可以通过以下几个方面做到：首先是抽奖红包、福袋等增加，可以提前预告，比如点赞到多少之后，点屏抽奖，粉丝的停留一般在 3 分钟以上才能被计入流量，所以福袋红包的发放倒计时一定要设置在 3 分钟以上。

其次还可以通过直播间舒服的场景加上亲切的主播，以及互动达到，比如先抛出一个问题，多少时间之后回答，也能延长停留时间；当然最重要的还是产品的优势，例如价格，或者独家，或者性价比等。

同时还可以提高粉丝的转化率，这个数据也很关键，可以推出一些比如加粉丝团才能买或者才能获取红包的环节，促进转化率。

直播直接参加官方组织的直播活动、话题，也能获取系统推荐的免费流量。

3. 直播上热门的延续性

直播间不是课堂，而是一个互动的平台，薇娅在直播中就经常会问粉丝们下次还想要什么？或者是下次想解决比如自己的什么问题？

听取这些后，她就会迅速的给出反应，比如在下一次直播中解决粉丝提出的问题，提供粉丝希望要的货品，而且往往在这一次的直播就先预告下一次能够有的一些产品以及优惠。

只有这样做，直播间的口碑才会起来，粉丝们也会被牢牢吸引，其实这也是一种很好的引流手段，下一次，直播间就会有人专门等着进来以及参与了。炒热直播间也就不在话下。

4. 直播后要看懂的关键数据

有些账号直播了半天，但是收益不够理想，却不知道原因在哪里，这里几个关键数据可以让你找到问题所在。

（1）直播在线人数的峰值和低谷

这个数据十分有用，可以发现到底什么时候是大家最感兴趣的，或者你的 DOU+、FEED 流的钱到底花的值不值。而哪个环节出问题，就赶紧掉回头来看。

（2）停留时长

这个均值最少要超过 3 分钟，不然等于是无效。这个数据可以结合上一波人数峰值低谷来看。比如 FEED 流是带来了很多人了，但是完全留不住，是不是当时自己设置的时候没有契合好，或者是本身的产品设置就有问题？主播的话术有问题？总之找到粉丝不愿意停留的原因。再度复盘分析。

（3）转粉率

一般来说，转粉率低于 3%就低于行业平均值，这一步其实是很重要的，来了就走不关注的粉丝，等于下一次你也抓不住他，完全没有机会了。而转化为粉丝团的，这一次不下单，下一次也可能会。所以一定要主播经常提醒大家加粉丝团。而粉丝团的预告、互动、福利也要到位，才能留住粉丝。

（4）销售额

这是最关键的数据了，不管你投入了多少 FEED 流等，人数在先有多少，停留时长多久、转粉率多高，没有销售额，一切都是白搭。

这个数据一般都会提前有一个预设，如果没达到或者达到部分就要充分复盘，回头看是出了什么问题，再去解决，下一次再来，就会有的放矢，能让直播间真正实现价值了。

当然直播间除了整体运营、选品和炒热之外，接下来比如客服的整体解决方案、完整的发货、退换货流程和售后服务也是很关键的，但是基本与淘宝等无异，也就不再赘述。

三、直播带货主播秘笈

人人都知道，直播带货虽然是团体协作行为，但是在一场直播中，主播作为出镜和粉丝直接互动，以及直接 CARRY 全场的人，无疑是最重要的。而带货类主播尤其重要，创造百万元、千万元、上亿元销售奇迹的主播们无疑已经成了连明星都羡慕的对象。

主播的具体选择上，一般来说品牌方等可以找大的头部主播，也就是单场销量 1000 万元以上的，比如薇娅、李佳琦就是这一类的主播，他们影响力大，粉丝流量都很好，只要有一定的优惠力度，就会取得不错的效果。

而一些中小企业可以找一些单场销量在 100 万元左右甚至更低的，进行纯粹佣金合作，卖出去采用分佣制，自己的风险也较低。

但是如果品牌或者企业想搭建属于自己的直播平台，还有帮助带货希望成长的个人直播间希望成为和李佳琦、薇娅一样优秀的主播的人，就需要学习以下主播需要提升的能力、熟悉控场的流程以及拥有独特的话术以及一些需要注意的细节了。

一、主播需要提升的能力

1. 主播的人设执行力

很多人都疑惑带货的主播还需要人设吗？不是直接卖货就行了？这个观念在现在真的是太落后了，举个例子说明，电视购物平台的主播们难道不会说秒杀、只有多少份、促销、产品有多么好吗？可是，有人能记住他们吗？

而人们为什么提起李佳琦就会说“口红一哥”，薇娅就是“带货女王”？这都是因为他们立住了自己的人设。

人设是非常重要的，即使是品牌需要换主播也要有人设，比如你品牌针对的销售对象是女性，那么就要塑造成成功的女性人设比如独立霸道女总裁，或者时髦精等。而主播的首要任务就是熟悉和了解并在直播中坚决执行这种人设。不能千人一面，只会发红包、搞促销，那样就不会有任何人记住。而幽默、搞笑、专业性强、学识可借鉴分享的人设，也一样是受欢迎的，网红小姐姐已经是主播的过去时了，现在以及未来会引起关注的主播会很有自己的特点，立住人设是很重要的。这一条立住了，才会有持续的粉丝关注。

2. 主播的外在展现力

很多人都有个误解，就是主播一定要漂亮，其实未必，网红小姐姐已经是过去大家对主播的印象了，现在在直播间卖货的比如罗永浩就和这种形象千差万别。主播最重要的是要有亲和力、柔和自然的面部表情、合适的肢体动作，以及最关键的气场，都是主播能吸引粉丝把控直播间现场的基础。

3. 主播的口播能力

做主播第一要说话清楚，不能让人连话都听不清、听不懂；其次，主播的语速是很重要的，不能太慢，让人顿时觉得无聊，快速划走，也不能陷入自嗨，语调飞快如华少，谁也没听清楚到底说的是什么。

直播带货主播最重要的就是要把产品说清楚，而且还不能生硬地说，语言要有感染力，亲和力，以及让人容易认同。

4. 主播的互动能力

这也是直播主播和之前那些落伍的电视购物等不同的地方，前头已经多次提过，直播间不是课堂，主播和粉丝们之间不是老师和学生，或者演讲者和听讲者的关系，而是充分的互动关系。

直播间的主播最关键的作用是可以现场解答粉丝们对产品的疑问，还有促进粉丝下单，另外让他们加入粉丝团，成为下一轮销售的准确目标。

5. 主播的控场力

主播除了以上能力外，直播间现场的控场能力要非常强，比如能很好的执行直播脚本；在冷场的时候能及时号召粉丝；遇到粉丝的各种反馈也能及时反映；遇到危机的时候也有处理方案等。这种能力无疑是最难的，所以在后面会把主播的控场流程再梳理一遍。

二、主播需要熟悉的控场流程

对于新人主播来说，对完整的控场流程是盲目的，尤其是自己写脚本的。首先我们来看一下很多人都用五步法来拆解过李佳琦的控场销售流程，具体包括：

第一步，提出问题，带起话题，比如提及某个女性常遇到的问题，例如很多女性颈部有颈纹，影响美观。

第二步，放大问题，让话题性更强。比如说一些女生脸不算老，但是脖子先暴露岁数等。

第三步，顺势代入产品，解决问题，这个时候引入某牌子颈霜，就能解决这个问题。

第四步，产品的优点详细说，比如这款颈霜和别的颈霜的区别是什么。

第五步，价格上的优势顺势提出，并且强调只有今天或者只有本账号。

但是不是人人都是李佳琦，每个人有每个人的路，完全可以走自己的路。但在主播控场中有一些东西是相通的，比如要有自己的促销思路；比如不但可以完整地执行整场营销计划，而且还能随机应变；控制比如什么时候应该来一波福袋；什么时候应该秒杀倒计时；什么时候可以上新；什么时候要果断下架等。针对粉丝的不同反应给出不同的应对技巧，那么，主播可参考的具体控场流程大致是怎样的呢？

1. 在开播前，主播要熟悉直播脚本，熟悉人设，熟悉产品

这是必须要做的准备，而这些脚本可以由直播运营岗来负责，而且他们对很清楚自己整体账号的定位等，也就可以帮助主播设立人设。

而产品是主播必须充分了解的，不管是产品特性、价格，要考虑一切进入直播间的用户们会问到的所有细节，充分准备。

2. 开播头 30 分钟的流程

有一些人做过直播就会发现，开播半小时之后，直播间就不进人了，甚至开始掉粉，这是因为抖音平台在直播开播后 30 分钟内会推送一波测试流量，测试该直播间留住粉丝的能力，如果留不住，30 分钟后，流量就会向留得住粉丝的直播间倾斜。

所以要用福袋、红包、秒杀等方法来留住最开始进入直播间的人。比如薇娅往往在直播的开头都是“废话不多说，先来抽波奖”，这样做形成习惯后，能让粉丝非常准时地赶来，而且也能提升直播间的人气。如果有 DOU+和巨量引擎 FEED 加持就更好了，只是要注意精准选择人群和时机。

另外要在头 30 分钟从自己的特色和熟悉的内容开始，就炒热场子，搞出第一波小高潮，让人不离开。

3. 热场后，马上透露直播优惠力度，带节奏很重要

如何带出高潮，可以用产品的排序来，当场子看着要低落下来，马上透露直播带货力度，此时不妨安排一波爆款商品秒杀等。然后一定要学会互动，与主播互动过的用户大部分都不会流失，一定要让整个直播间的节奏不要慢下来，而是让大家觉得像在看一出精彩的戏剧，高潮不断，对后续充满期待。

4. 讲解环节产品要说清楚

这也是很考验主播的部分，即使有福袋、DOU+拉来流量，也宣布了优惠，但是产品本身的介绍含糊其辞让用户不信任也是不可以的，尤其是当粉丝提问的时候，要能够清楚地回答，而不是含混带过。直播间看似面对的只是镜头，其实背后还有很多没有发表评论的人，而发评论的粉丝不但能帮你提升直播间流量和引来推荐流量，还等于在替所有人问问题，所以一定不能忽略。

5. 记住忠粉的细节，号召大家加粉丝团

很多主播对记粉丝细节都很拿手，比如名字，比如粉丝说的自己的事情，这是一个非常棒的技巧。初级的比如某人来了，直呼其名来打招呼，上一个台阶的就是能记住这个粉丝的特点和说过的话，比如某人说要出差去了，这一次来就可以问出差回来了？好玩不？或者某人说自己最近心情

不好，可以安慰几句，下次再问，今天心情好点没？

这些就像与一个朋友来往的细节，会让粉丝成为忠粉，也会让主播的人设立得很稳。有一些很有意思的粉丝也可以和主播形成很精彩的对话，甚至比主播自己说还有意思，也会拉动直播间的流量和销售额。

6. 主播要在直播中执行脚本的同时，符合自己的特点和人设

举例说明，比如国内某知名脱口秀明星，说话幽默，但酷爱喝酒，他来带酒的品牌就很多人都愿意相信，而且他独有的幽默也会吸引很多人。

或者前面用耿直人设带货的某知名女明星也是这个道理，实在没有品牌和明星人设加持，主播自己就要给自己加人设。而且这个人设一定是要有特点，有魅力，能吸引人的，从外形到说话方式都必须经过设计，而不是盲目上镜。

而相关的直播脚本也是经过设计的，比如看起来是聊得开心了兴之所至就忽然大降价，哪怕自己赔钱，就买姐高兴等这样的设置，就是不错的符合主播人设的脚本。

7. 直播间主播间的良好互动和团队协作

带货直播不同于个人直播，可以出镜的人多，而且往往时长都会很长，短的有 2~3 个小时的，长的甚至有 8~12 个小时的。

另外，有时候双人或者多人出镜可以直接互动，会有很好的效果。比如某明星与主播的互动，忽然议价，要降低几乎从未降价过的某大牌手机，并且硬性上架，这样的新闻事件就吸引了大量的人涌入直播间，而且成为了一种口碑。

团队协作也是很重要的，比如主播要展示一件衣服，但是助理居然没有找到，拿不上来，这会造成尴尬；主播要上架，中控却没有上，或者开始秒杀停止秒杀的时间点都不对，这些虽然主播可以用话术遮掩过去，但是如果一直出现这种配合不畅，也会造成用户对直播间的反感，而影响带货效果。

8. 最后一定要做到成交转化

除了做到以上这些，主播要促成商品成交的转化。不要自嗨了半天，结果卖出去的东西并不理想，这就需要主播及时关注数据的转化。如果不

理想，立刻当机立断，发现问题，并且可以用第二、三位主播的加入，插入一些戏剧效果，拉满节奏，持续带货，成功转化。只有成交额才是衡量直播变现是否成功，这是主播成功的铁则，必须谨记。

三、主播的话术

很多没有经过训练的主播是不知道该用什么样的话术吸引用户买单的，除了之前说到过的提前练习，清晰说话，语速适中、禁止自嗨外，还有一些话术可以学习。

1. 开场白

尤其是小白新主播，不知道怎么开场，就可以从自己熟悉的情景入手，先稳定自己的情绪，可以假定自己就是在和朋友聊天一样，用“今天我遇到了一个特别奇怪的事”或者“特别搞笑的事”“特别无语的事”等开场。

比较熟练的主播也可以选取一些比如天气、新鲜事、热点等，比如“今天我们这下雪了，好冷啊，你那里下没下雪啊?”，好玩又有互动性。

更进阶的主播就可以用“上一次我们聊到了什么什么”以及自己独特的点开口，像连续剧一样一直播下去，且让粉丝有所期待了。

2. 清楚的预告

这也是很有必要的，毕竟来看直播带货的人更多的都是冲着产品来的，最好是开场白暖场后，立即就有个清晰的预告，不用太生硬，也像是跟朋友聊天一样，但是能够带起节奏，具体的比如“今天有什么，不过数量不多，另外今天还有秒杀，还有×××比 618 还便宜，只在这里可以拿到，还有×××，我自己吃过，很好也，非常好吃”

这样的话术能让粉丝清楚到底有什么可买，什么优惠可拿，什么东西确实是不错。

3. 对比性话术

这是很重要的一个话术，能够直击自己的产品对比别人的产品优势在哪里，或者让粉丝明白为什么非要在这里买。

就像上面说的，比如比“618”“双 11”还便宜；比官网价还优惠；比同类产品中这个的毫升数高出了多少等等优势，都可以清楚地说出来。

4. 亲身体验话术

很多主播在直播间试吃、试用、试穿更是常见，用一些比如“我用过”“我吃过”这种话，也是很吸引用户的，当然要是真实的。

5. 成本对比拆分法

这个就更简单了，比如卖貂皮大衣，可以说“你看这种貂皮，平时光一个围脖就要多少钱，而这个这么大一件，只要多少钱”之类的也会很有效果。

6. 限时间，制造紧迫感

这在李佳琦等的直播间经常看到，比如“某商品只上架 1 分钟，抢没了也不会在补货，抢不到就再也没有这个价格了，拼手速的时候到了”。这种对很多人都非常有效，所以东西往往秒没，创造了很多直播销售的神话。

7. 限名额，强调特殊性

这也是常见的，比如“只跟厂家争取了 100 件，数量有限，以后也不会有，纯粹就是想回馈大家的”这种和秒杀、限时等配合也会非常好。

8. 限身份，只给粉丝团

这种的主要目的就是转化粉丝，确实要给的比一般用户要低，只要用户转化成粉丝，即使这一次没达成销售，下一次还有购买的可能。

9. 限单数，饥饿营销

这种类似“限购一个，多了没有，之所以限购是因为价格实在是太便宜了，连代购都来买，而我们是想真心回馈粉丝，所以每个人就限购一个”这样的话术。

10. 寻求认同感，贴近粉丝内心

这个从称呼上就可以先做起来，比如李佳琦的“所有女生”其实不但包括了 18~30 岁正青春的女生，也包括了所有只要喜欢化妆品的人，而所有“女生”把大家归到同样的起跑线，大家都会自动代入自己是李佳琦口里爱美、娇俏、可爱的女生了。

口头禅也是，比如薇娅的“废话不多说”，就是知道大家心里都比较急躁，不喜欢听废话，而喜欢收获实惠，所以上来就是“废话不多说，抽奖走一波”。

这都是很妙的主播话术，可以学习。

四、主播需要注意的细节

(一) 主播的黄金出镜设置

1. 坐着直播时

这也是主播们最常采用的方法，请注意在之前就请确定好主播的脸部占竖屏屏幕的三分之一，主播坐的离镜头 60CM 是较为合适的。之所以这样设置，是因为这样的比例会让粉丝感觉主播就近在眼前，在和粉丝聊天，好像朋友一样亲切。

如果只有一张大脸，粉丝们就会觉得尴尬，而太远，就会感觉看不清，所以即使很多人觉得直播这样的构图土，但是也没人会轻易地更改这个比例。

2. 室内站着直播时

一般来说，不管站着直播的有几个人，最好都确定整个人的形象占屏幕三分之二，而且剩下的三分之一留白都是在头顶位置，而主播离镜头的距离一米是较为合适的。

这也是从观众的角度出发，这样的比例就像朋友和你站着聊天的距离，符合社交礼貌又很亲近。

(3) 户外站播远景

这个比例就不一定了，因为户外直播，重点往往不一定在主播这里，有可能是在户外的景色等等上，要突出什么就主要拍摄什么，而有时候主播临时用一些奇怪的角度，比如一边行走一边播倒是也能起到不错的效果。

户外站播其实对主播的要求很高，但是有一条是必须注意的，就是画面尽量要稳定。如果粉丝看了有不适感，效果就会打折扣。

（二）主播必须知道的直播禁用词

有很多主播都会发现，有时在直播的时候，明明自己感觉很正常，但是直播却突然被关停，乃至出现封号，这是作为主播最不想看到的。这很有可能是因为主播在直播过程中提及了违禁词，那么哪些词属于违禁呢？

1. 涉及普通商品的

抖音对于商品涉及疑似医药或者保健品效果的描述特别敏感，比如增加或者提高免疫力、活血、防过敏、防菌、解毒、修复受损肌肤、祛湿、助眠、减肥、减少红血丝、壮阳、消炎等都是不可以的。

即使有些商品真的有这个功效，也不能直接用这些词语。

2. 涉及化妆品的

这也是一个大类目，而且十分容易踩雷，主要的原因也是涉及了医药保健以及医美等，比如燃脂瘦身、破坏黑色素细胞、阻断黑色素的行程、迅速修复紫外线伤害的肌肤、提高肌肤抗刺激能力、瘦脸、平皱、丰胸、减肥、速白等等都是不允许的。

所以主播在之前脚本准备的时候就要把这些词划掉，播出中即使化妆品包装上有写，也不能这么念。

3. 涉及宗教、迷信类的词

比如提升运气、驱散霉运、招财旺财、逢凶化吉、第六感、增加事业运、有助事业运、恋爱运、子女运、学习运，人旺财旺运道，听起来不过是吉祥话，但是也属于禁词。

对于有一些喜欢说吉祥话以及赶上年节习惯性用这种词语的主播，也会被禁。

4. 语意太过绝对、夸张且无法证实的词

比如绝无仅有、世界领先工艺匠心打造、绝对、奢侈、世界几大品牌之一、史无前例、领导品牌等等，也都是违禁词。也都尽量避免。

主播应该清楚、完整地表达商品，幽默、亲切的与粉丝互动，并且相信粉丝有自己的判断力，完全用不着夸大其词以及误导消费者。毕竟，只有长期的生意才是赚钱的生意，一旦被封禁，虽然有时候能够通过申诉找回，但是毕竟是影响了直播的效果，得不偿失。

综上所述，变现其实是一个可以完整串起来的流程。建议小白们，其实可以从零粉丝的全民任务做起，选择流量等作为奖励，提升自己的粉丝数值，如果有探店的天赋，不妨做直播带货，有广告的天赋，就去做星图达人。

锻炼到一定程度，就可以挂商品橱窗，开直播。

而企业可以通过抖音小店线上销售、抖音蓝 V 认证线下引流、抖音直播直接变现，都能实现不错的效果。

结　语

本书陪伴读者完成了从抖音小白到抖音达人的全部历程，必须要强调的是，抖音达人并不一定是抖音大V，而抖音大V可能创造的价值还不如抖音达人多。知名度高、粉丝量大是一种成名方法，而找到自己的擅长点，比如直播，比如独有内容的打造，比如星图广告或者带货达人，也都能获得非常不错的成绩。

抖音的算法和推荐机制决定了在新的互联网自媒体时代，每个人都有机会找到属于自己的路，不管是初出茅庐的大学生，还是传统行业的从业者。

最关键的是，马上学习起来，实践起来。2016年，短视频还是个陌生的词汇，而薇娅、李佳琦等还是普通人。而2021年，抖音不管是观看人数、观看次数还是达成的交易都开始以亿计算。

未来这一趋势还将更加明显。

本书选用的素材于成书的时候是最新的，而日新月异的时代告诉我们，更新将永不停止，唯有不断学习，用于实践，并且在实践中学习，学习中实践，才能追上这个奔跑的时代。

抖音不但在中国范围内，在世界范围内都产生了广泛的影响，因为这种算法和推荐机制的逻辑，整个世界都被改变了。不但包括媒体的形式更包括实体商品的销售、实体店铺的营销等。

相信经过本书的阅读，读者们也深刻地认识到了这一点。

祝大家在抖音平台上快速跟上这个时代和这个世界。

快速吸粉、涨粉，成为抖音达人！